Lyon 1538.

Blonde

Normauille

Pater quietum

Blanck

R

+ Ille ego qui quon-
dam gracili modulatus

Blondeau

amore
amore tuo

amo

Arena.

Opus guerrarum et dansarum.
Lyon 1538

Z-4 1443.

omniũ afferã:exẽplo glo.ín.l.agraria.ff.ðe termi.mot.ɋ ðí=
cit.Diſtingue tpã ɀ cõcozdabilis ſcripturas.Uolui itaɋ hãc
arðuã ɀ ðifficilẽ materiã ðanſarũ alacri animo iſto iucũðo
tẽpoze tractare:vt quod a nullis vnɋ ſcriptozibus cõmen=
datũ fuerat(aut ſi quid erat perperã ɀ indigeſte cõditũ fuit)
aperte poſteris traderẽ.De hoc enim materia ſolet id ðící
per doctozes quod habetur per Accurſiũ in.l.tij.ff.ðe verbe.
obliga.mirãða nouitas ſubtilis ſubtilitas quis eam rumí=
nabit? Et ſolebat ðicere ðominus Paulus ðe caſt.ðe iſta
materia cũ reperiſſet eam ðifficillimã in.l.põponíus.ín ſe=
cũða.ff.ðe neg.geſt.Oz ſufficit le molto ðifficile ɀ ſpeculatí=
uo aðuertatis que ve ðico che ſono anni quadragita quĩ,ɋ
chio ðanſo er hoza a queſta materia ma ðato fatiga come
commẽſaſſe adeſſo io ve ðico biſogna ſe ſtudia chi vole ſa=
pere.Igitur vos huíus rei ſtudioſi quicɋ ſcire cupiueritis
pzo viribus inuigilate:nec trãſitozio ſtudio vtamini moze
ðeſidum ſtudentium qui lecturas ſuas male ɀ ſicco pede re
petũt.ðicit glo.in.§.j.in auten.ðe queſto.ɀ dũ ðoctozẽ legẽ=
tem audiunt:ab illius ðictis animum auertunt:et male
intenti caſtra in Hiſpania edificant:et regulas ðomus nu=
merant ðicit glo.in.l.vnica.C.ðe ſtudi.lib.vzb. ro. lib,xj.
neɋ enim ſufficit in ſtudio manere:ſed opoztet ſtudere.
argu.tex.in.l.ſi quis ante.et ibi Jaſon in ſexto notabili.ff.
ðe acqui.poſ.et ðicit glo.in.l.vnicuiɋ.ðe pzoxi.ſacro.ſcrí.
lib.x. C.quod non.ſufficit ðiu ſtetiſſe in ſtudio vel in ſcho=
lis:ſed bene.ɀ laudabiliter ſtuduiſſe. Etiam ðicit tex.in.c.
glozia epiſcopi.xij.q.ij.ɋð non ſufficit fuiſſe Hieroſolymis
vbi eſt ſepulchzum Chziſti:ſed Hieroſolymis bene ɀ lau=
dabiliter vixiſſe laudandum eſt. Ergo vos nunc ſumma
ope alacriɋ ſtudio inſtar legum has ðanſas noſtras acci=
pite ɀ voſmetipſos eruditos oſtẽdite vt ſpes vos pulcher=
rima foueat.Hec enim materia vos frequenter oblectabit
maxime cum in toto cozpoze iuris ciuilis nulla reperiatur
vtilioz nec pzacticabilioz:hec enim ſingulis ðiebⁱ ðe facto
contingit:et circa ea que ſunt quotidiana nos ðiligenter
aðuertere ſuadet iurisconſultus in.l.legaui. in pzin. ff. ðe
liber.lega.ɀ quẽadmodũ ſanctiſſime leges non permittũt.

queçɚ viuere in paupertate:neɕ mori in anxietate.iuxta
tex.in.§.fi.in.fi.in auf.de heredi.ɿ falsi. sic iste nobilissime
danse non permittŭt queçɚ viuere in dolore: in tristitia:nec
in melencolia/imo semper reddunt hominē iucundum/
hilarem ɿ gaudentem.Quare in presentiarŭ huic scientie
diligenter nauate:et si quicɚ incultum rude ac ignauum
laborauerimus:hoc non ignorantie:sed huius scientie dif=
ficultati ascribendum censeatis.Ea enim que maxime dif=
ficilia sunt:solēt interpretes sermone trito ac pene vulgari
declarare:ne quod ignotum et obscutum est: ignotius et
obscurius reddere videantur: inquit tamen etiam glo.in
l.consentaneum. C.quomodo et quando iudex.quod hu=
manŭm est peccare:sed diabolicum est perseuerare.et tex.
in.l.ij.§.si quid autēm. C.de vete.iur. enucle.qɚ in omni=
bus bene dicere ɿ in nullo claudicare potius est diuinitatis
ɚ humanitatis.   Valete.

       ℂJdem Antonius Arena Soleriensis ad ma=
       gnificos omniɚ laude dignissimos legŭ doctores
       dominŭ Petrŭ Cassaing ac dñm Arnaldŭ Con=
       tadis Narbonenses indigestum epigramma.
   Am redeunt lasse brumali tempore Nymphe.
       Jam fastiditas despice bruma niues.
  Jam iam prata virent/iam iam sacra flumina ridēt
  Cypria iam tendat carbasa lata Venus.
Antra canunt/resonant syluæ/iam florida rura
    Profert diuitias aurea terra suas.
Jam gaudent sacris Nymphe colludere in antris/
   Exulto nostris sic resonare sonis.
En ego concepi pigro sub frigore versus.
    Qui doceo tardos rite mouere pedes.
Si vacat indignis preberi cantibus aures/
    Nunc placida nostros sumitte fronte sales.
Arte docent choreas perfecte currere tritas.
    Atɕ rotet dextra grata puella manu.
Doctores agitate precor mea camina iusto
   Judicio:varijs non caritura lupis.

¶Idem Antonius Arena ad magnificum vtriusq͛
iuris doctoꝛe hebraice:grece:z latine peritissimũ do
minũ Petrũ Cateli sacri palatũ Tholosani referé
darũ clarissimics seneschali consiliariũ epigrãma.

Alue cesarei doctoꝛ celeberrime iuris
 Cui ius pontificum docta minerua dedit.
Hac duce goꝛgoneos hausisti fonte liquoꝛes
Musarumcs choꝛus plurima dona tulit.
Te docuere omnes muse grececs latine
Ingenium laudat docta Tholosa tuum.
Faustos decoꝛas omni virtute parentes
Et patriam totam pꝛogeniemcs tuam.
Accipe queso meas guerras dansas quocs gahyas
 Quas dedit in lucem nostra minerua modo.
Si tuus incultum quicꝗ nunc lusit Arena
 Parce tuo seruo docte Catele vale.

OMnis que a ratione suscipitur de aliqua re institu=
tio debet a diffinitiõe pꝛoficisci vt intelligatur quid
sit id de quo disputetur. Ita inquit Tullius roma=
ni eloquij maximus authoꝛ offi.lib.j.et ita sentit iuriscon=
sultus in.l.j.ff.si cer.peta.Licet tamen omnis diffinitio in
iure sit periculosa.l. omnis diffinitio.ff. de re.iu. adeo vt
nulli doctoꝛes basse danse diffinitionem aggredi hacte=
nus fuerint ausi ego tamen inter doctoꝛes dansantes mi=
nimus dabo diffinitionem que iudicio doctoꝛũ citramon=
tanoꝛum et vltramontaꝛoꝛum non erit periculosa imo
tota quod non erit mirum pꝛopter glo.in.l. gallus.ff. de
libe.z postꝗu.que dicit quanto iunioꝛes tanto perspicatioꝛ=
res.Quare voléte deo ad dictam diffinitionem ipsius dãse
me conuerto.

Qid est bassa dansa?Est vna grocissima consolatio
quam pꝛendunt bꝛagardi homines cã bellis gersis
siue mulieribus dansando/choꝛisando/iringando/
balando/de coꝛpoꝛe gayo et frisco/quando menestrius/
carlamuarius/floutairus/iuglairus/taboꝛinairus bassãs

       A iij

et hautas dansas/tordiones/branlos martingalas τ alias
sautarellas tocat/siblac/carlamuat/fifrat/tabozinat:har-
pat:rebecat:floutat:loudat:organat:cantat de gozgia:de
carlamusa clara:de carlamusa surda:de flouta de tribus
pertuiss:τ de flouta de nouem pertuisis:de fifro:de ribeco:
de larpa:de lauboiso:de dosayna:de chalamia:de trompetis:
de corneto:de clauerio:de organis:de espineta sola:de espineta organisata:de manicordio:de escacherio:de chiplacha
plo:de fosonia:de calamela:de saccabotis:de viola:de guit-
terra:de leudo:de clauicordio:de sauterio:de tambozino:de
tambalis:de cimbis:de chozo:de clauiolo:et sic de alijs in-
strumentis si qua sunt similia per totam rubzicam.ff.et.C.
de fide instrumentozum.

Eclaro istam diffinitionem . Dixi q̃ dansa est vna
grocissima consolatio quam prendunt homines dan
sando cum bellis gariis : intellige quando dansa-
mus a lusansa de fransia τ de prouensa : nam in omnibus
partibus francie et prouincie homines dansant publice in
domibus et in plateis τ per carrerias simul cum mulieribus tenendo eas per manum. Sed in Hyspania et in
Italia vbi sunt homines multum gilosi siue zelotipi homines nunq̃ aut rarissime dansant cum mulieribus: sed
homines soli cum hominibus dansant:la quala causa est
vna grocissima truffa et begerria. imo quod est peius
puelle nobiles et de estoffa que non sunt maritate quasi
nunq̃ exeunt extra domum. O beata francia: O bzagardissima prouincia que est patria plena bonitate/castitate τ
sanctitate:et ideo quia est paisus sanctissim⁹ plenus bonis
gentibus plures sancti et sancte voluerunt habitare in
nostra prouincia : et primo sancta Anna mater virginis
Marie:et est in ciuitate Atensi/ Secundo Maria Jacobi
et Salome sorozes virginis Marie que sunt in ciuitate
dicta Lasinarios iuxta mare posita. Item diua Maria
Magdalena que est releuata honozifice in ciuitate de san-
cto Maximixo vbi est etiam vna ampula plena de sangui-
ne Jesu Chzisti quem in die veneris sancta videbis perfecte rubeii. Item sanctus Lazarus est releuatus in trium-

phātissima ciuitate Masilïesi. Jtē sctā Martha q̃ est releua
ta multū riquissime in ciuitate Tharasconēsi. Jtē caput brī
Antonij q̃ singulis dieb⁹ facit magna miracula ⁊ est rele
uatū in bragardissima ciuitate Arelatēsi: ⁊ sunt plures alij
scti in nr̄a prouincia quos hic causa breuitatis p̄termitto.

Tem declaro. Dixi q̃ dansa est grociscima consolatio
quam prendūt homines dansando cum mulieribus
non intelligas q̃ homines capiant voluptatem. et
solatium propter puellas/nec puelle propter homines co
gitando ad incarnationem/quia esset peccatum sed intel
lige q̃ capiunt consolationem et gaudium propter alacri
tatem ⁊ allegrissiam siue melodiam soni quem facit flouta
et carlamusa quando tocantur ⁊ siblantur: nam quemad=
modum bonum vinum purum letificat cor hominis. vt
dicit glo. in. l. j. ff. de peri. et commo. rei vendi. ita gaya
dansa est alegra ⁊ letificat corda hominum/et dansa de se
sola non est mala nec prohibita/prout videmus singulis
diebus de facto: imo est cōsuetudo prescripta inter gentes:
nam populus vsus est bona fide choreis siue dansis tanto
tempore de quo non extat memoria hominum in contra=
rium: et talis consuetudo vim legis obtinet. tex. est in. l. j. §.
fi. ibi. Aetustatem legis obtinere. ff. de aqua pluuia arcen.
cum similibus. Sed si dansando cum mulieribus cogites
ad malum erit peccatū ⁊ illud nō erit de materia dansandi
siue choreandi/sed extra materiā. Mā sicut ars notariatus
facta prout debet fieri est bona et approbata/sed quando
notarius cōmittit: falsitatem est mala ⁊ prohibita: et illud
non dicitur de arte notariatus: sed extra artem. Jtem ars
apothecariatus est bona quando est facta prout debet fieri.
Sed quando apothecarius fraudat medicinam poneudo
vnam drogam pro alia: puta falce qui pro quo illa trom=
paria vel falcitas non dicitur de arte medicine nec apothe=
cariatus: sed extra artem: et sic est de dansis ⁊ de alijs arti=
bus. Mam si danses cum bellis puellis ⁊ cogites ad malū
et continues in illa mala cogitatione peccas: et dominus
Christus se corrossat: sed si non cogites ad maium vel non
continues in illa praua cogitatione quam primo habuistis

A iiij

non peccas.quia quandocp̃ animus etiam inuitus polluï
tur prauis ꝉ iniquis cogitationibus:quia primi motus nõ
funt in poteſtate hominis/et ſm ſacram ſcripturam et ſm
ius canonicum et ciuile eſt permiſſum vnicuicp̃ reſpicere
bellas feminas ꝉ garſas dũmodo reddat humiles gratias
omnipotenti deo qui fecerit tam bellas creaturas/et ita
ego facio cum reſpicio eas oculo charitatiuo de dꝛito et de
trauerſo ſicut conſcientia moꝛdet.

⸿ Idem Antonius Arena magnifico auunculo
ſuo domino Antonio Aiallo doctoꝛi medicine
bene merito feliciſſimã vꝛbem Auxitanenſem in
Uaſconia habitanti epigramma.
    Inter moꝛtales medica venerabilis
    arte
      Quos tenet ingenti terra benigna
 ſinu.
 Cui debet multum felix Uaſconia
 terra
      Et patrie nimium terra beata fuit
     Ceſareis poſitis libꝛis mea muſa cu
piuit
   Oꝛpheis reſonent vt mea plectra modis.
Nam licet interdum genialem ducere vitam
   Quando voluptates tempoꝛa leta ferunt.
Nunc quia frondoſi reuireſcunt vndicp̃ ſaltus
   Et magnum feſtum conficit omnis homo.
Uenit pulchꝛa dies ꝉ venit amabile tempus
   Quo iuuenes choꝛeas tripudiare ſolent.
Propterea medice tutum virtutis aſyllum
   Perlepidos cantat muſula noſtra ſales
Quos tibi deſcripſi noſcas vt auuncule q̃tum
   Charet vi noſtro pectoꝛe regnat amoꝛ.
Hinc ad te properant noſtri monumenta laboꝛis
   Hinc velut ad numen miſſa libenter eunt.
Sumito parua licet minimo quocp̃ numina gaudent
   Accipe ſic voti ſpes tua compos eat.

CLudouicus Raynerius insule Mar=
tici studentibus nepotiq3 suo Alexandro
Riperto tabellioni / Ac domino Jacobo
Bargerio suisq3 intimis amicis Petro
q Mattheo ac Bartholomeo Arene So
leriensibus epigramma.

Bzagarde boles dansandi pzen=
dere leges
   De guerris bzauis plurima
scire quoq3
   Libzo fac studeas ex totis Biri=
bus isti
   Quo duce per dansas tu cito doctus eris.
Perdocet iste liber perfecte currere bzanlos
   Bzagardas guerras dicit Arena quoq3
Lucanum semblat qui martis pzelia cantat
   Tam bene de lingua guerregiare sapit.
Ex nimio risu forsaberis ipse cacare
   fringando versus quando videbis eum.
Est finus rusticus finus marchandius atq3
   Pzo garsis exigat forte rusaticus homo.
Laudes innumeras de nostro rege recontat
   Laudando fransam consiliumq3 suum.

Quot gentilessas hic noster contet amicus
La mea non posset musa referre tibi.
Hunc habeas igitur semper soluasq3 libellum
Et tua persona semper alegris erit.
Perpetuo nobis Christus conseruet Arenam
Dansarum semper so capitanus erit.

¶Antonius Arena ad reuerēdissimū in
christo patrē dominū/dūm Bartolomeū
Portalem qui Troianēsem episcopum
Lugdunēsemq3 suffragancū nouuellas
de guerra Romana/z de pluribus alijs
gentillessis mandat.

Deus omnipotens fortunā quan=
do tuabis.
Que fuit in guerra nunc inimi=
ca mihi.
Perdere garsetas omnes fecitq3 caualos
In campo rome quando batalha fuit.
Atq3 ego pensabam personam perdere charam
Sed bene gardauit tunc mea membra deus.
Nam christum dūm de grando corde pregabam
Et sanctam matrem fortiter atq3 suam.

Omnes et sanctos et sanctas de paradiso
   Grandus deuotus atqz fidelis eram
Dū timet ⱱnus homo qd mors nō occidat ipsum
   Sanctus sanctus adest respiciendo deum.
Passato lo malo post est gabato lo santo
   Non curat nimium rursus amare deum.
De tali guerra non escapare putabam
   Et mihi de morte granda paora fuit.
Pou pou bombarde tota de parte petabant
   Diuisses nigrus ille diablus erat.
Tif taf tof et tif dum la bombarda bisognat
   Garda las gambas ne tibi blesset eas
In terram multos homines tumbare ⱱidebam
   Testas q brassos atqz ⱱolare pedes.
Non espargnabant ⱱllos de morte ferire
   Quem non blessabant ille beatus erat.
A lassaut a lassaut semper trompeta sonabat
   Coragium cunctis grande tocando dabat.
Et tuba terribili sonitu taratantara parlat
   Alala trilitota dandara tarlaro la
Atqz tabussabant per campum timpana plura
   Stblabant etiam plurima fifra bene.
Contra Romanam ⱱillam tunc forte strepabāt
   Arcabutesando turba bugada fuit.

Semblabantqʒ canes mastinos atqʒ leones
 Cum propter dentes enrabiare solent.
Sed nos de roma multum rebutauimus illos
 In prima furia roma battuit eos.
Atqʒ leuauit eis tunc estandardia quinqʒ
 Et tulit ad castrum sed trahinauit ea.
Et male tostensum habuerunt mille ribaldi
 Mille carentenas ipse tuauit ego.
Et contra ipsos artilharia nostra tirabat
 Bombardisando rite tocabat eos.
Nunqʒ mancabat inultos de morte ferire
 Omnes tombabat respiciendo nihil.
Et costas duras multum expossauimus illis
 Corporibus mortis terra cuberta fuit.
Gradas balafratas pergautas atqʒ dabamus
 ffecimus et Bistam forte fogare suam.
ffortiter et testam murrumqʒ macauimus illis
 Ponchas de pedibus mille dabamus eis
Et suus in terram tombauit tunc capitanus
 Vna arcabuta grossa tuauit eum.
Vltra lo timbrum balde chaplauimus illos
 Lo mortalagium dicere nemo potest.
Nos semel in fuitam totos botauimus illos
 Atqʒ recessisse roma putabat eos.

O maledicta dies dum se fortuna reuersat.

A deprofundis vsqz menare solet.

Si fortuna volet fies de consule rector

Et si sis pauper ipse beatus eris.

Te fortuna deam facimus celoqz locamus

Ad placitum semper perficis omne tuum.

Sic volo sic iubeo sic pro ratione voluntas

Tu dicis quando la tua testa sogat.

Gastasti roman tu de fortuna ribalda

Contra rasonem abortinata fuit.

Intrarunt roman per forsam mille ribaldi

Parcere qui paucis tunc voluere viris.

Crede capellanos monachos morgasqz necabat

Testiculos etiam guerra copabat eis.

Sed bene debebat etia trenchare priapum

Hellas garsetas nocte dieqz tenent.

Et totam Roman raubabant atqz pilhabant

Crede robauerunt omnia templa dei.

Atqz cruces calices sancti Petri quoqz capam

Paces reliqutas omnia sacra simul.

Tunc tibi vidisses tercentum mille ribaldos

Nostram querentes ense copare gulam.

Quare ad castellum santangi me rettraui

fortuna vidi quando ventre malam.

Crede mihi valde fuit id miserabile visu
   Nam per borrelos Roma pilhata fuit.
Desptoselarunt tercentum mille dosellas
   Fecerunt cunctis crede volare capum.
Tarabustabant filhas terribile forte
   Debistocando maxima guerra fuit.
Mal bene li faciat palhardis atqz ribaldis
   Illis det queso la mala pascha deus.
Tunc erat in castro multum galharda brigata
   Nãqz rote domini papaqz sanctus erat.
Ransus gardabat tunc portas sagtus ille
   Qui defensauit massiltamqz brauam.
Et semper semper clamabat francia viuat
   Omnes vincemus spero tuuante deo.
Post contra castrum fuit et fortuna reuersa
   Apuntamentum prendere forsa fuit.
Forsa fuit nobis etiam dimittere Romam
   Vidit traysonem fransa venire malam.
Ad bagas saluas et tunc sortiuimus omnes
   Et milites fiebat Roma begnigna suos.
In castro sanctus sed tunc lo papa remansit
   Qui male tractatus pauperiterqz fuit.
Quot mala romante dederit hispanica guerra
   Nulla vnqz posset musa referre tibi.

Tunc per amicos ibam in demandando mea vitam
  Me presentabam quod mihi forsa fuit.
Parlabam bene mesclando mendacia veris
  Vt possem fructus ventris habere mei.
Piccas quis docuit hominum parlare parolas
  Venter gormandus dum habet ipse famem
Et mihi tunc populus totus pendebat ab ore
  Quando recontabam tristia facta mihi.
Quicquid aiunt homines intentio iudicat oes
  Spes mea parlando viuere sola fuit.
Vtilius regno est meritis acquirere amicos
  Fac bene si possis omnibus ipse viris.
Nunq$ perduntur seruitia facta probato
  Reddit homo gratus la bene facta sibi
Montes immobiles nunq$ se crede recontrant
  Se incontrant homines quandoq$ ille vides.
Grandas victualhas/sed non trobare valebam
  Est fere de christo perditus omnis amor.
Tunc ieiunaui perforsan mille vegadas
  Vt lupus in campis tunc affamatus eram.
Tempore felici multos numerabis amicos
  Si fortuna perit rarus amicus erit.
Ille beatus adest riquessas qui tenet amplas
  Pauretam gentem nemo videre potest.
                                    H

Pro lucro tibi pone diem quicunq̃ laboras
  ffauta dargentis est dolor imparelhus.
Prendere me in casa nullus de nocte volebat
  Per las carrerias sepe cubile fuit.
Friscus eram totus tramblando corpore multū
  Frigidius glacie pectus amantis erat.
Dy mater de christo omni la nocte cridabam
  Frigore de grando mane gelatus eram.
Omnia passaui tunc tormenta laborum
  Infintia mala hec mihi guerra dedit.
Jurabam semper nunq̃ me guerra tenebit
  Escapare semel si mea vita potest.
Sensa mentiri vobis hic predico verum
  fort male contentus al reuenire fui.
C Si rursus socij tornando dela le montes
  Prendendo pagam rege redante bonam.
Me desbaucharunt in sermonando la testam
  Propositum faciunt vertere verba bonum.
Debauchatus homo socios debauchiat omnes
  Sunt iuuenes faciles pro faciendo malum.
Sic magis ad guerram me aduenturare putaui
  Meq̃ remontare mens mea semper erat.
Et cum Lautreco domino post me sociaui
  De toto campo qui capitanus erat.

Dela les montes iterum marchauimus omnes
Intali guerra genta brigata fuit.
Ipse caualertus per campum me rigolabam
Genti galandus semper Arena fuit.
Gendarme bragant per paysos regalho fando
Cregnere se faciunt Vt focus atqz focus.
Bzauegiant iurant menassent sepeqz serpant
Et pauras gentes tunc male tempus habent.
Vilens palhars tacans meyssanti atqz ribaldt
Pro banquetando la Vitualha trotet.
Et si paysanus gallinas non cito portat
Trenta bastonatas tunc sua testa capit.
Est pro gendarmis bragardis grassa polalha
Semper grignotant Vina beuendo bona.
Grans gentilhomines se appellant vndiqz toti
Segnozias nullas et bona pauca tenent.
Multottens faciunt arransonare la gentem
Nolunt donare quando libenter eis.
Italiam totam presto gagnauimus inde
Preter Millanum non voluimus eum.
Gennua nostra fuit claues portauit et ante
Clamando forte francta parce mihi.
Et pia fransa fuit perdonem tunc dedit illi
Et tanqz filham tunc recebiuit eam.

Daumagium grossum sentiut papia docta
   Tunc per gendarmas abotinata fuit.
Sum damnum certe nimium fuit ipsa rebellis
   Et regi nostro pessima damna dedit.
Ad Naplu celeres rursus marchautmus omnes
   Tunc grandus trainus grossaqz braga fuit.
Lautrecum dominum cregnebat como diablum
   Gentes de payso quando sonabat eas.
Tunc omnes bille sibi claues ante ferebant
   Et se rendebant corde volente bono.
Et magnum cherubin lo paysus ly remenabat
   Sis bene venutus noster amice precor.
Patria mandauit quod prestiter ipse ventres
   Fransam demandat Napolitane genus.
In pogio realo fuerunt tentoria nostra
   In granda braga tunc ibi campus erat.
Incontinenti post ceptmus esse maladi
   Vllus gendarma non bene sanus erat.
Impognabat ibi nos omnes pessima febris
   Que plus maluaisa q mala pestis erat.
Vairolam grossam seu mauis dicere bobas
   Lo mal de naplis impegolabat eos.
Chancrosos homines plures garsasqz videba
   Inuernissatus forte priapus erat.

Et galhas boffas de compagnone tenebant
   Que los gardabant de culetare nihil.
Barbertus caugas in plaustros atqz ficabat
   Impegomaffatus fed nihil ipfe fut.
Guttofos homines plures clamare videbam
   Las gottos faciunt forte cridare viros.
Oy ventres plagos o feges o mala gutta
   Oy oy las gambas o mala gutta tace.
Reliquias aliqui portarunt deffa fe montes
    Per totum mundum groffa vairola vogat
Et faciunt plures totum reffundere corpus
    Eftubas drogas la medicina petit.
Tunc erat in campo pietas grociffima certe
   Nam fine rafone mors remenabat eos
Noftras perfonas brulabant atqz calores
    Multum chaudaffus payfius ille manet.
Cum perdutus ero nullus me querat in illo
    Drdtus q brutus et male fanus adeft.
Gagnauiffemus de naplo tunc puto villam
    Sed totus campus forte maladus erat.
Tum propter febres meyffantas atqz beuendas
   Naplus nam totas impofonauit aquas.
Nos etiam nimium certe chaumauimus ante
    Senfa dare alarinas aut a la faut a la faut.
                   B iij

Naplum de facto nos affegiauimus
    Audebat nullus atq3 falhire foras.
Et penfabamus tunc affamare la Villam
    A renderet ɀ quod fe fenfa frepare nthil
Jn prima furia quando arribauimus illic
    Si pīcauiffemus omnia noftra forent.
Jn prima furia france fi torita rompunt.
    Vincere non poffet tunc lo diablus eos.
Lautrecum dominum febris poft groffa tuauit
    Daumagium nobis mors fua grande fuit.
Bagagium noftrum totum perduimus illic
    Nefcit quid faciat crede maladus homo.
fecimus ɀ multum de refcapare la Vitam
    Jn gram dangerio la mea Vita fuit.
O deus atq3 deus quid Vis quod nos faciamus
    La mala fortuna nos acabare putat.
Omnes gendarme fumus de paupere regno
    Nos alias melius chrifte iuuare Velis
Maxima enim morū eft femper patiētia Virtus
    Jnde fortunis coragiare decet.
Omnia pro meliori nos mala multa fufrimus
    Quos amat in terra caftiat ipfe deus.
Sennua cum Vidit tales contare nouellas
    Quod nofter campus deftrainatus erat.

Omnes banderias contra nos ipsa vitauit
  Incontinenti tota rebella fuit.
Gennua tu nimium varias nimiũqʒ reuoltas
  Tu male toftenfum queris habere modo.
Mane petis franfam de fero teqʒ rebecas
  Vt ventus variat fic variare foles.
Tu te reppentibus tam cito te rebecaffe
  Te charpinabit francia trefqʒ bene.
Ad faccum et faccos totam nifi francia ponat
  Vnĝ non poterit crede videre botum.
De vittjs plena eft trũpàtibus atqʒ magagnis
  Pro franfa nunĝ firma manere poteft
Si mihi rey credat nos efquinabimus illam
  Et plus de tefta non mala tanta dabit.
Argentum plumbum fapuntamenta redʒeffant
  Placatur donis iuppiter ipfe datis.
Andreas dorias etiam nunc fe rebelauit
  De quo fifabat francia trefqʒ bene.
Quantũcunqʒ poteft contra nos atqʒ malignat
  Ala fine tamen franfa crocabit eum.
Francia noftra manet de tota parte trahita
  Quos penfat fidos fepe trahite folent.
Atorte faciunt atorte feqʒ rebecant
  Nam tractat gentes francia rite fuas.
                   B iiij

Istus rex noster est de bontate replenus
        Bragardus brauius estq3 Valentus homo.
Non est in mundo rex plus gailhardior ipso
        Per forsan nullus vincere posset cum
Exratat homo grandus: valde bellissimus atq3
        Regalem trahinum semper habendo bonum
Est bene formatus recte de corpore factus.
        Deficit in nihilo forma virilis ea.
Omnes virtutes de mundo possidet ipse
        Est plenus totus de charitate bona.
Hic leges sanctas scit oẽs atq3 ministrat
        Lo princeps semper omnia iura sapit.
Alter Aristides dictus cognomine iustus
        Ad populum tortum non facit ipse suum
Rex multum iustus valdeq3 bonissimus exratat
        Et nihil in terra sanctius esse potest.
Escrolat sanat que circa colla morantur
        Tangendo digitis auxiliante deo
Et quicunq3 manet rex franse saniat illas
        Quod preter regem non facit vllus homo.
Sagius et prudens discrettus atq3 benignus
        Et nihil in mundo dulcius esse potest.
Dulcia verba tenet et sunt sine crimine mores
        Et tenet in fransa consiliumq3 bonum.

Verus deuotus de chzisto est grossus amicus
   De vero semper scruit amoze deo.
Ecclesiam semper defendit fransa valenter
   In sedem papam restituitqz suam
Roma fuit quondam per turcos sepe pissata
   Sed rex de fransa post releuauit cam.
Vidimus in libzis nostris semperqz videmus
   Quod reges franse sustinuere fidem.
Sic facit iste modo nam Romam sustinet ample
   Atqz fidem semper multiplicare cupit.
Sed fuit in guerris sibi nunc foztuna reuersa
   Venditus in guerris ve deus ipse fuit.
Quod fuit id factu per traytos fozte malignos
   Sed la suam vitam perdere constat eis.
Francia si nullos traydozes nostra teneret
   Iam mundi domina tottus ipsa fozet.
O traysone dieu ti mal dio queso ribalda
   Ad nostram fransam tu facis omne malum
Vnqz de traytis non se defenderet ullus
   Quos pensat fidos quando trahire volunt.
Nulla manet peioz pestis quam fictus amicus
   Non odium grautus q stmulatus amoz
Vt Iuda de Chzisto fuit olim falsus amicus
   Oscula donando quando trahtuit eum.

Sic faciunt aliqui de nostro rege beato
   Verbo sunt sibi corde trahire solent.
Tales palhardi deberent esse brulati
   Et sine mercesse morte perire mala.
Sed deus est iustus grandus guerrerius atq3
   Omnes compensat ut sua facta merent.
Sic modo palhardos traydores destruet omnes
   Et sine defectu crede tuabit eos.
Et post ad regem mandabit grande secorsum
   De nostra fransa grossus amicus adest.
Post varios casus post tot discrimina rerum.
   Ad fransam semper adiuuat ipse deus.
Sic modo franciscus rex franse lilia portans
   Omnes gagnabit spero iuuante deo.
Poysansam regis nuncq3 tibi dicere possem.
   Fransa valet tot quot rex petit atq3 iubet.
Ergo bonū teneas iŋ guerris fransa gouernum
   Et te de traytis auistare velis.
Arma foris faciunt modtcum si conduta noŋ sit
   Consilium prudens vincere sepe facit.
Plures fanfaras alias tibi dicere possem
   Sed michi plus testam rumpere nolo meam.
Et quia passaui per guerras mille dolores
   Ad gayhas dansas me retirare volo.

Et retro espalas omnes botare dolozes
   Si possim multum semper alegrus ero.
Me donare bolo post hac de tempoze grasso
   Viuere nos multum gayħia bita facit.
Ocia cozpus alunt animus quoqz pascitur illis
   Immodicus contra carpit btrumqz laboz.
Jamqz meum cozpus se destacare requirit
   Enrabiat dansas de tricotare modo.
Et plus moztales nolo describere guerras
   Jd miħi tristitiam tradere nempe solet.
Quare nunc sercat musas fantasia nostra
   Que miħi continue guaudia ferre belint.
Sed quod serquabā cognouit Juppiter ipse
   Confestim masas misit q ille miħi.
Que miħi tusserunt posito cantare doloze
   Istam materiā dulcis amice bonā.
Oenti gallantes sunt omnes insubiantes
   Et bellas garsas semper amare solent.
Et semper sunt de bzigantibus ipsi
   Inter mignonos glozia pzima manent.
Banquetant bzagant faciunt miracula plura
   Et de bonitate sunt sine fine boni.
Bzaguim bzagayno de toto cozpoze fringant
   Rusticariam grossam semper. Vbiqz menant.

Et totum mundum defendunt atqz gouernant
    Mundum presentem sanctia iura regunt.
Et faciunt plures bellas sautate ribaldas
    Rumpendo portas quando la baga valet.
Et post per cambras embrossant atqz tabussant
    Si non sit lectus terra cubile facit.
Riblarias grandes faciunt los instudiantes
    Teulissas montant cum bene porta tenet.
Sunt liberales garsetis plurima donant.
    Et vendunt libros quando necesse venit.
Ingagiant raubas iudeis hic auintone
    Quando clicalhas non sua bursa tenet.
Grandes despensas faciunt los instudiantes
    Scire bonas leges plurima constat eis.
Constat grandamentū dentretenere la garsam
    Agas q bagas semper habere volunt.
Atqz caltigando bene sunt in amore fideles
    Nunq̃ dessalant nec variare solent.
Defendunt dominas q garsas vsqz la mortem
    Cum quis eas false vituperare putat.
Non trompãt aliquos quia sont de gente bonica
    Totus homo studiãs est bonus atqz bonus.
Arma vtrũqz tirant troiam qui primus ab oris
    Barratas donant qui male sercat eis.

Qui ſibi debatos bel bregas ſercat habere
   Incontinenti guerra paratur ei.
Follibus q̃ faciunt preſto pauſare caquetum
   Contra raſonem quando brauare bolunt.
Auinione bides dum bragant inſtubiantes
   Grandes merueilhas tunc agitare ſolent.
Fecimus hoc anno totam trambla re la billam
   In groſſis armis fortiter ipſa fuit.
Sed te ſcire decet q̃ nos hic omnibus annis
   Sancti baſtiant dum benit ipſa dies
Tunc pro betaunis abbatem rite creamus
   Qui contra petram forte baculat eos.
Inter nationes eſt tunc la maxima guerra
   Abbatem ſemper natio queq̃ petit.
Quãdo creat illum tunc eſt totum ius in armis
   Qui melius frepat ille roportat eum)
Et petit abbatem ſemper prouincia noſtra
   Los prouenſales genta brigata manent.
Prouenſalus adeſt abbatus hic quaſi ſemper
   Nos niſi la billa garbugiare belit.
Inter nationes fuit q̃ tunc maxima guerra
   Nam de parte ſua queq̃ bolebat eum).
¶Legatus dominus ſed tunc intendiuit ipſe
   Noſtrum debatum qui bene grandus erat.

Et se altercauit multum gignando la testam
   Contra nos omnes corrociatus erat.
Cum male res vadunt sibi tunc altaria fumāt
   Non sufficere potest quod malus ordo tiret.
Est bonus & prudens discretus sagius atq3
   Et multum tempus ponit amando deum.
Et non vult cutq3 quod tortum conficiatur.
   Justitiam cerquat semper habere bonam.
Et cito mandauit totam trompare la villam
   Cum grossis penis facta la crida fuit.
De corda centum strepatas omnis haberet
   Si quis das studians arma valenta ferat.
Viguerto misit post iudicibusq3 peritis
   De nobla villa consulibusq3 bonis.
Quod tractare velint inter nos ponere pacem
   Et quod de abbate premia nulla forent.
Talibus acceptis propter gens sagia parlat
   Consilium ville tunc bene grande fuit.
Consiliumq3 fuit parlamentando per omnes
   Contra istam guerrā remediare decet.
Nam studiantes mutinabunt forte la villam
   Si bene las dentes non reutramus eis.
Fecerunt presto tunc acampare la gentem
   Omnes desenas atq3 leuare cito.

Et bene vidisses populum se ponere in armis
   Salhire in campis arma toylosa bene.
Marchare in batalha pauci de gente sciebant
   Et corrossatus lo capitanus erat.
Et valde escumabat in ordinando la gentem|
   Assogatus erat forte cridando quoqz.
Auant atrassus camino ou planto canalho
   Alordenansa quisqz trotare velit.
Espasas picas alabardas q geuelinas
   Grans albarestas astia longa quoqz.
Et male pennatos matrassos atqz tirabant
   De passadoris luna tocata fuit.
Arcos plegatos qui sunt de fustibus atqz
   Qui longas fleschas rite tirare solent.
De manibus longas espasas atqz duabus
   Que fere talhabant vndiqz parte nihil.
Longos estocos q dagas atqz cotilhos
   Pugnales lansas espia ferra quoqz
Et male forbitos verdusos rite tirabant
   Achas bercatas atqz valendo nihil.
Et bragomardos vielhasos vougius atqz
   Rancones etiam non taliando bene.
Rapetias largas amolatas q nihil vnqz
   Cultros degieto qui pecus omne tuant.

Et pertesanas furiosas ūt homo moztus\
  Hastas poncħutas pzo faciendo malum.\
Curassas ferri ūielħas cotasqʒ malħatas\
  Et mandoffainas gozgeriasqʒ male.\
Atqʒ alacretos rutħofos niħtlqʒ lucentes\
  Gantos de ferro testeriasqʒ malas.\
Pautos bloquertos ą targas atqʒ rudelas\
  Sangos de deffts qui male crede copant.\
Et largos etiaɱ plures de fufte pauetos\
  Quos per muralħas ūilla botare folet.\
Et bzegantinas lozdaudas campus ħabebat\
  Efcarauiffas atqʒ ūalendo parum.\
Et baffinetos recte gardando la testaɱ\
  Secretas etiaɱ incabanabat ħomo.\
Aumetos plures poncħutos atqʒ ferebant\
  Salatas nigras testa ferendo quoqʒ.\
Atqʒ fimaterras multuɱ de cufpide toztas\
  Quas de ūna tantuɱ parte copare ūides.\
Magnos fcopetos coztaudos ą colobzinas\
  Gzoffos malħetos que regitate folent.\
Bombardas groffas canones paffauolantes\
  Arcabutefando granda la guerra fuit.\
Iɱ graɱ bozbolto fuit ą furoz arma miniftrat\
  Reftancare ūiros nemo ūalebat eos.

Tunc alique gentes de villa forte bzauaßant
 Tremblaßat mundus luna rotunda quoqz.
Cum furium gentos bene tunc arnesia fogam
 Cozrosatus homo nescit haßere modum
Per totam villam remplebant coznua bombis
 Per las carrerias omnia fumus erat.
Sed tamen aloza blessatus non fuit vllus
 De tali guerra grossa rialßa fuit.
Auinion selix est bzagardissima villa
 Nobilis & sancta perpopulosa quoqz.
Si queras bellas mulieres siue puellas
 De bellis garsis vna garena manet
Siue petis iuuenem iuuenes tibi mille placeßut
 Discere nescires quam taconare velis.
Ipse suas nunqz possem descrißere laudes
 Hec haßet vt dicas quicquid in ozße fuit.
In pzouensa nostra etiam sunt instudiantes
 Plures fanfaras qui fabzicare solent.
Sed parlamentum sauium sapienter aquense
 Los taysare facit iusticiando bene.
De parlamento bzagat pzouincia nostra
 Grandem iusticiam nam facit atqz bzeuem.
⸿Suntqz tholosani studiantes forte valentes
 Per totum mundum la sua fama volat.
          C

De boutum faciunt homines estare per vrbem
    Cregnere se faciunt vt focus abzasatus.
Plures in numero sunt bzagat docta tholosa
    In iure studia maxima semper habens.
Multottens guetum de facto rite rebzundant
    Atqz cotilhatas dant sibi sepe bonas.
Sic ego passato vidi de tempoze nostro
    Grandas frastelatas sepe dabamus et.
Se quarrant iuuenes mundini fozte friantes
    Bzagarias grandas pulchza tholosa menat.
Conductas faciunt de garsis multa legendo
    Grandes materias eppediendo bene.
Et rompunt poztas cum tēpus postulat au res.
    Nocte gogetando grossa la bzaga tirat.
Sed parlamentum tunc cozrossare videres
    Quando rancuras qualqz gogeta facit.
Sed post quando sapit qd sunt los instudiantes
    Qui faciunt garsas tamboztnare bene.
Tunc sibi succurrit iuuene quid fecerit ipsum
    Plura iuuentuti parcere nempe decet.
Tu modo cognoscis qui sunt los instudientes
    Sunt flozes mundi semper amando deum.
Hoc tamen est verum qd legū propter amozem
    Sunt quasi baniti de patria la sua.

Artiscos grandes ꝫ mille pericula paſſant
   Sepeꝗ la reſtant dum reuentre putant.
Juraꝗ diſcendo patiuntur frigoꝛa magna
   Ac alias cauſas quas modo muſa tacet.
Dimittunt patriam dulcem charoſꝗ parentes
   Fratres ac altos quod bene grauat eis.
Al deſpartendum de la mayſone parentes
   Valde ſuſpirant coꝛde dolente ſatis.
Et dulces matres los bayſant atꝗ rebayſant
   Atꝗ pater lachꝛymans tunc benedicit eos.
Et dum caualcant muletum ſiue cauallum
   Das eſperonis atꝗ frapare volunt.
Tuc ventut lachꝛyme ſe ploꝛant naꝗ parentes
   Et pꝛo congedio hec bona verba canunt.
Heu vale mi fili te chꝛiſtus queſo gubernet
   Tempoꝛa non perdas ſtultus ineſſe caue.
Pꝛende bene ꝫ leges non eſt reparabile tempus
   Ploꝛabit ſtultos tarda ſenecta dies.
Qui ſcit laudatur qui neſcit vituperatur
   Jgnarus multum deſpꝛiſtatur homo.
Spes mea tota manes iam iam me foꝛte ſeneſco
   Me gouernabis quando vielhus ero.
Tu mihi iam conſtas pluſꝗ de mille ducatis
   Pꝛo te la burſa ſemper vberta manet.

                C ij

Sed mihi nil greuat pro te despendere multum
    Dum tamen euadas ipse valentus homo.
Fac sis doctorus cornetam tu quoqz carga
    Incornutatus est bene vistus homo.
Letificat patrem multum sapientia fili
    Sed mortem donat quando ribaldus adest.
Effuge meyssantas compagnas atqz truantes
    Qui stat cum sanctis sanctus inesse solet.
Esqutua putanas bagassas atqz ribaudas
    Cetera que facies non refianus eris.
Sis homo de bene semper fili prodhomus esto
    Si sis palhardus non mihi charus eris.
Rumores fuge nunqz sis te queso brigosus
    Testam frepatam sepe muttnus habet.
Infantes patres las matres atqz benigne
    Plusqz seipsos semper amare solent.
Heu dubitant semper ne fili damna reportant
    Res est soliciti plena timoris amor.
Vlterius faciunt omnes hic instudiantes
    Id quod trumpabunt carmina nostra tibi
Embalant libros per capssas atqz banastas
    Mutant logicium mille remille vices.
Presertim pestis cum vult frepare la villam
    Que sine bombardis plurima damna facit.

Debandare vides de tota parte la gentem
   Matnagium traßinat quando la bossa venit
Cozres carretos per villam forte rudesant
   Omnes las gentes tunc traficare vides
Est maledicta mala pestis regina malozum
   Supplicium semper arbitroz esse det.
Escapant pauci frapati peste maligna
   Profitat ad pestem la medicina parum
La fugiunt medici cregnendo como diablum
   Christus pro peste lo medicinus adest.
Non mallauegiant nimium los pestiferati
   Estoffat gentem pestis iniqua cito.
Estranglat bellas garsetas atqz cabußat
   Nullos espargnat entabiata manet.
Est pietas grossa cum pestis regnat in vrbe
   Dicere non possem quod mala bossa facit.
Sant arrapatis faciunt et mille rudeßas
   Effugiunt illos subueniendo parum.
Descassant etiam de villa prefiiter illos
   Perforsam totum meinagiumqz suum.
Claudere vel faciunt las poztas atqz fenestras
   Lo cadenatum grandeqz poita tenet.
A lespitalum vel illos quandoqz mandant
   Plozando vadunt o miserere mei.

Hofpitaleri mozbofos non bene tractant
   Nam fine gouuerno fepe perire folent.
Alargo alargo demourant peftiferati
   Me femblant ladzos dum cliquetare folent.
A longe fteterunt merito feð peftiferati
   Vna malada pecus inficit omne pecus.
Eftopa murrum mozbofos quando bideðis
   Pzenditur bt bifcus peftis amare fere.
Peftiferatus homo per paucos trobat amicos
   Tempoze peftifero perðitur omnis amoz.
Patres de filíjs tunc fe appzochare recufant
   Et patrem matrem filius atqz fugit.
Quíllibet aloza cregnit de perdere pellem
   Mozs efpauantat efglariatqz btros.
Stare in billa quando eft cozroffata la boffa
   Et tentare deum non refugire fozas.
Tu cito fac fugias longe tozna quoqz tarde
   Hec eft pzo pefte la medicina bona.
Plures efcaparent fi tantus non metus effet
   Sepe timoz homines feð facit ille mozt.
Non timeas illam tibi fi contigat haðere
   Da tibi cozagium fic cito fanus eris.
Nunqz deðet homo fanus penfare la boffam
   Sufpicto cafum fepe bentre facit.

Abilßamenta feras nunꝗ de peſtiferatis
  Per dꝛapos peſtis ſe tenet atꜩ rapit.
Quadꝛaginta dies de peſte infectio durat
  Et plus purgata ſi bene noɲ ſit ea.
Moꝛtiferam peſtem deſcaſſa tu bone cħꝛiſte
  Cħꝛiſte neca boſſam/nam mala multa facit.
Ipſa tuat ſemper ſenſa raſone la gentem
  Mulᵗrerius debet moꝛte perire mala.
Non facias tottens nobis mutare banaſtas
  Argentum coſtat detraħinare foꝛas.
Ipſe meos libꝛos tam carregiare per oꝛbem
  feci ꝗ cum boutbus milleꜩ mille ßices.
faſcherias grandes ſtudiantes ſepe repaſſant
  Mutando libꝛos bagagiumꜩ ſuum.
Sint homines pꝛobi facito de peſte magiſtri
  Noɲ ſint coꝛrupti ßera referre ßelint.
Nec faciant etiam tunc ranſonare la gentem
  Quod faciunt plures iɲ faciendo male.
Auiſant etiam ne peſtem peſtiferati
  Ponat/nam ponunt ſepe libenter eam.
Dꝛapos infectos per ßillam nocte gitando
  Vt ſanos etiam boſſa rapare ßelit.
Grandes atꜩ bonas gardas imponito poꝛtis
  La bona policia multa iuuare poteſt.

Jn defoztunis cognoscuntur marinari
    Propter patronum barca perire solet.
Pauperibus miseris omnes succurrite queso
    Peste arrapatis auriliumqz date.
Nunc ad propositū toznemus dicere verum
    Jurisconsulti sunt in amoze dei.
Si centum linguas parlantes ipse tenerem
    Non possem laudes dinumerare suas.
Granchertam remmenāt gaudiciando per ozbē
    Et sanctam vitam gaudinelando tenent.
Vsando dansis ꝗ sermonando puellas
    Bzagardisando tempoza plura terunt.
Viuat amoz clamant viuant pulchzeqz puelle
    Et dansas semper tympana leta sonent.
Qui volet ergo bonas bassas appzendere dāsas
    Et cito dansandi mestrus in arte foze.
Hunc bene de testa se foꝛset discere libzum
    Qui bene dansandi monstrat habere modum
Atqz decet iuuenes de puncto currere dansas
    Et marchare pedes ozdine rite suo.
Et quod non fautent dansam balando friantes
    Dedecus est magnum tripudiare male.
Sed volo rasonem tibi pzimo dicere nostram
    Que me incagnauit scribere tanta modo.

Sepe in banquetis dansando cum dominabus
   Passo libens tempus dulciter ipse meum.
Et video dominas pomposas atqz puellas
   Como dagassos garrula verba loqui.
Tartauelando mulieres multa loquuntur
   Tarrim tarrello bartauelare solent.
Nempe trufant iuuenes seu moccat gráditer illos
   Qui bene non dansant nec tricotare sciunt
Brocardos donant alsoris atqz maraudis
   De durbecassis femina queqz ridet.
Et semper dicunt illi synt peccora campi
   Sunt grandes et adhuc non choreare sciunt.
Tornent a lescholam pro bene prendere dansas
   Vt trotare pedes ordine rite sciant.
Et mestrus trapas in gambis ponere curet
   Vt facit amblator quando docentur equi.
Quare non possum plus refrenare mon tram
   Quin doceam iuuenes tripudiare bene.
Si natura negat facit indignatio versum
   Propter despectum vir facit omne malum.
Num plures gallandi se ad dansare remisciant
   Et bassas dansas non choreare sciunt.
Isti folatoni qui dansant tempore nostro
   Sensa tamborinis omnia scire cudant.

Vltracudati trumpantur cum putatiuis
   Sepe idiota brauat q nihil ipse sapit.
Quare se infrascant tales dansando per aulas
   Et troblant alios tripudiando male.
Nam currunt currut vt ventus quando rebuffat
   Aut ibi se plantant currere quando decet.
Atqz solent nimium tarde garate bonetum
   Vel nimium presto fugere sepe volunt.
Ergo qui vultis vos castignare puellas
   Dulciter ac illis basia longa dare.
Consilio dansandi vobis apprendite praxim
   Inter dansandum gaudia mille fluunt.
In causis istis experto crede Roberto
   Expronam feci mille quaranta vices.
Atqz decet iuuenes balandi scire triumphos
   Pluribus in causis namqz iuuare solent.
Esclatire precor faciatis corpore dansas
   Qui gente dansat gentibus exptat homo.
Cum bassis dansis tu te faurrabis auantem
   Inter bragardos tu quoqz dictus eris.
Qui bene nunc dasat gram fortunatus habetur
   Galhardos iuuenes vna puella petit.
De capayrono si danses cum domicellis
   Si bene non fringues grancalamelus eris.

Is commune bonum semel infantuimus omnes
  Omnibus in terris dansa plasanta manet.
In cels etiam plures dansare videmus
  Angelus hic choreat organa quando tocant.
Reges regine comites dominiqʒ barones
  Vtuntur dansis ꝗ choreare sinunt.
Vos etiam scitis quod francia negligit omnes
  Qui non muguetant nec choreare sciunt.
Sepe inter dominas vos atrobabitis ipsi
  In banquetando tripudiando quoqʒ.
Et belle domine vos de dansare pregabunt
  Sepeqʒ per forsam vos chorea re volent
Et si nescitis tunc vos dansare politi
  Vobis vergogna maxima semper erit.
Et posset vobis magnum contingere damnum
  Si non dansetis quando puella volet.
Obsequio quoniam dulcis retinetur amica
  Ira odium generat pace tenetur amor.
Qui fringare facit dominas bellasqʒ gogetas
  In bassis dansis dulcia lucra feret
Pluribus in paysis trobaui me choreando
  Sed dansare mihi gaudia plura dedit
Nam dominas multum mistas ꝗ mille puellas
  Balsaui recte tempore crede meo.

fecit amicitias q̃ plures pꝛendere honoꝛes
    Cum gentis nymphis pluribus atqz viris.
Aquista semper plures si possis amicos
    Vulgus amicitias vtilitate pꝛobat.
Ergo vos iuuenes nunc nũc appꝛehẽdite dãsas
    Tempoꝛa labuntur moꝛe fluentis aque.
Ad pꝛesens oua cras pullis sunt melioꝛa
    Follibus q̃ pigris ocia longa nocent.
Quos decet in dansis moꝛes seruare docemus
    Virtuti vt studeas literulisqz simul.
Danse plus poterunt q̃ leges mille iuuare
    Argentum donant gaudia plura quoqz.
Datqz galenus opes q̃ sanctio iustiniana
    Bellas garsetas dansa ventre facit.
Ex alijs paleas ex istis collige grana
    Gallantinus homo riquus adesse solet.
Dansa dum vtuis post moꝛtem non choꝛeabis
    Nam paradisus habet tympana nulla sacer
Sed quia passati doctoꝛes atqz nouelli
    Nunq̃ dansandi vos docuere modum.
Nunc ego pensaui vobis describere dansas
    Et monstrare modum de choꝛeando bene.
Ipse tamen renui totas describere dansas
    Id mihi per longum namqz fuisset opus:

Plusꝗ matusalem/nam ꝗuis ꝟiuere possem
   Et plusꝗ senip nestoꝛ ꞇ ille ꝟetus.
Et plusꝗ lapides sol ꝟulpes ꞇ mare terra
   Ac altum celum candida luna quoqꝫ.
Dicere nostra tibi nunꝗ posset calamella
   Quot nunc sunt danse:posteritasqꝫ feret.
Nam natura nouas semperqꝫ ꝟult edere dansas
   Et noua cuncta ꝟiris rite placere solent.
Nunc faciunt omnes ad la noua guisa gonelas
   Sic semper dansas tu renouare ꝟides.
Ergo nunc ꝟolui communes scribere dansas
   Que tibi sufficiant cum choꝛeare ꝟoles.
Diuersas quondam choꝛeas fringare solebant
   ffallott patres cum grauitate bona.
Monseur ma mio lo bꝛot de la ꝟigno friando
   Et lo grand elas dulcis amica dei.
Et tout noble cueur fleur de beaulte la rialo
   Ilz ont menti mal mardada quoqꝫ.
Atqꝫ la fanfarro los enfans gentamiona
   Helas madama tout sadoubare bene.
La danso de triconico facho al rebecile
   Tototo auant reculo tirotiro reculo.
Et plures aleas dansas sautare solebant
   Quos tibi non curo carlamuare modo.

Practica communis sed nunc deuenit in vsum
　Communes tantum que choreare iubet.
Scire ergo dansas qui mirundelle laboras
　Accipe nunc normam quã tibi trado bonam
Ipse velis primo passus apprendere recte
　Et cum mensuris atqz mouere pedes.
Inciptendo dansam sit reuerentia semper
　In facie dominam respiciendo tuam.
Largando gambas ipsam sauchare memento
　Sed teneat iustos femina rite pedes.
De gamba semper reuerentia sitqz sinistra
　Ad libitum plures quis id esse velint.
Bzagardi certant q adhuc sub iudice lis est
　De quali gamba sit facienda salus.
Atqz oes dansas tibi gamba sinistra cõmenset
　Byrectum moueat atqz sinistra manus.
Et manibus nudis teneas dansando puellam
　Si teneas gantos tu bene solus eris.
Quando salutabis digitis tribus accipe byrrhũ
　Non oculis noceat quando leuabis eum.
Arresta modicum de lo tornare a la testam.
　Non cito nec tarde testa recobret eum.
Vlterius superest de quo te auisare recordor
　Vnum passagium quod retinere velis.

Si teneas oculos vtnos nec bozntus eptes
   Per testam sica quod venit inde tuam.
Quando duas tecu garsas dansando menabis
   In bassa dansa quod bene sepe venit.
Quid facies pauper reuerensas in faciendo
   Qualem respicies quando plegabis eas.
Consulo te super hoc qui rabbim crederis esse
   Vestrus altbozus omnia scire putans.
Hoc opus hic labor est istu cognoscere punctum
   Quem declarauit Bartolus ipse male.
Tu bellam semper credo respicere velles
   Ipsa vtris semper bella puella placet.
Dum casus veniet tu te impachaberis ipse
   Et male cum garsis sepe venutus eris.
Non facias igitur hoc si vis semper amari
   Ambas respicias vt tibi monstro bene.
Dum facies humilem reuerensam gete friande
   Vnam baysando respice queso solum
Aspicias etiam post hac sursumqz leuando
   Ambas respiciet sic tua vista bene.
Non erit inter eas tunc sic discozdia nulla
   Et sic de garsis semper amicus eris.
Sic ergo consului de facto mille vegadas
   Pzo damiceletis & dominisqz bzauis.

Iste valet casus tercentum mille ducatos
    Fac non denembres & memor esto mei.
Sed quando incipies dansam ballare memento
    Quos tenet dominā tūc tua dextra manus.
Et cum te vortis vel curris regula fallit
    Sepe tenet garsam namqz sinistra manus
Et postqz sapies numeros decordter omnes
    De quot danseta quelibet esse solet.
Tu bene post dansam de testa scire labora
    Vt lo pater nostrum credo deumqz tuum.
Atqz scias duplum recte simplumqz reprisam
    De quot dansando passibus esse solent.
PAssibus ergo duplū de tribus esse memēto
    Cū binis gambis sed remenabis eum.
Percute de pedibus marchando quatuor ictus
    Sed tres vna facit altera gamba semel.
Sed labor ac opus est passus cognoscere cunctos
    Nam passus fiunt ordine quinqz suo.
Vna duos primos marchet tantūmodo gamba
    Ac altum post hoc altera gamba dabit.
Tibia sed faciet quartum gentissima passum
    Que primos passus fecerit ante duos.
Vna dabit finem sed dupli tibia tantum
    Incipit & post hec altera gamba tibi.

Aut duplum præsto reprisam vel tibi simplum
   Atqz pedes tusti tunc tibi semper erunt.
Equalesqz pedes iubeo dansando tenere
   Cum reprisa venit congediumqz simul.
SImplū sed factas de vna tantūmodo gāba
   Dādo duos ictus musica nostra docet.
Istos sed passus tam grandes reddere noli
   Vt mensurando concedere iura solent.
Quinqz pedes faciunt passum de iure memento
   Legales passus ergo trepare caue.
Passus dansandi non sit pede longior vno
   In bassis dansis Bartolus ista docet.
Et si maiorem passum dansando labores
   Impostam vadis ipse cridabo tibi.
QVm reprisa venit sz nō marchabis auāte
   Ad trauersus eam nam tricotare decet.
Atqz ipsam semper dextra de parte labora
   fringando gambas atqz mouendo pedes.
Coniūgendo tuas espaulas cum muliere
   Et garsam caueas ipse butare nimis.
Si nimium polses factes repetare puellam
   De modico grognat femina semper amans.
Et faciendo ipsam demarcha quattuor ictus
   Sed pede secrete tunc sibi tange pedem).
                        D

Tibia tres ictus tunc posset deptera semper
   Unum sed tantum gamba sinistra dabit.
Ipsa duos primos marchabit deptera gamba
   Ac alium post hoc altera rite dabit.
Quartum sed faciat rursus tua tibia passum
   Que primos passus fecerit ante duos.
Atqz illam facies si vis de corpore tantum
   Sed facile agnosces cum bene doctus eris.

C Ongedium gentũ tantũ de corpore fringa
   Branlando corpus nõ removẽdo pedes.
Sed cum congedij finem fauchabis amice
   Totam personam deptera gamba regat.
In medio danse nuncq congerta bales
   Tu nisi reprisa sit bene iuncta sibi.
Sed sine congedio reprisam sepe vldebis
   In bassis dansis dum choreabis eas.
Sed sic non seruant bragardi tempore nostro
   Omnes balantes nunc tricotare volunt.
Omnia peruertunt nunc floretando friantes
   Quilibet in dansis glossat amice modo.
Diminuunt pedibus passus dansando periti
   Et bene mensuram semper habere solent.
Rustri paysant cum fringant corpore dansas
   Branlando seruant tempora nulla sibi.

Auso de pays omnes densare videmus

　　Et prem que prengo dummodo dasa voguet.

Non est ulla symonia/nec dolus est neqz labes

　　Quod sapiunt faciunt omne tacendo nihil.

Nam currunt currunt non intendo cadensas

　　Ad placitum faciunt omnia namqz suum.

Simplos reprisas omnes congedia duplos

　　Unam mensuram semper habere putant.

De rominisgrobis faciunt gisclando la gambã

　　Inter eos etiam rustica verba volant.

De verdingoypho gay gay compaire lo rustre

　　Bas q redde tire dinde la gamba bene.

Et dansare volunt quando est incepta la dansa

　　A tribus q duplis principiare putant.

Mille simul choreant oes se fortqz remisclant

　　Tout abel boudre rusticolando bene.

Atqz couedadas polsatas q sibi donant

　　fringando semblat una batalha bona.

Principio danse gambam torsendo bonetum

　　De testa surgunt prestiter absqz modo.

Tam bene dãsando reuertiam de pede lansant

　　Pallatam terre quod pede crede mouent.

Et branlant fringant ad la paysana redansant

　　Mestrus q in dansis quilibet esse putat.

Et nunqz cessat seu pausant currere dansam
   Tunc nisi cum lassus tamborinator adest.
Ac dicunt garse cum cessat carlamuator
   Grandis mersessus genta gogeta mea
Non seruant punctos paysani tripudiando
   De duplis simplis mentio parua manet.
Trompos de canna gent de villatge requirit
   Nil valet inter eos vna flouta bona.
Barbara barbarie cherubin vt mamona seruat
   Alauantura pertricotare solent.
Illis dum parlas bassas de currere dansas
   Mespresant illas glorificando suas.
Rusticus ignarus doctrinam negligit omnem
   Et similis similem serquat habere sibi.
Qui malus est alios sic omnes eptimat esse
   Palhardas omnes vna ribalda putat
Interdansandum se quarrant vndiqz forte
   Est quoqz tunc multum gloria magna sua.
Dedecus est magnum vilanos esse superbos
   Rusticus q pauper fringotilhare volunt.
De minimis renuit sed pretor condere leges
   Illis dansandi nec dabo iura modo.
Nam quauis scirent bassas aprendere dansas
   Rustica progenies nescit habere modum.

Sed nos tornemus nostrã complere bisognam
Te bene las dansas namqʒ docere volo.
IPse modis branlos debes dansare duobus
Simplos ʒ duplos vsus habere solet.
Sed branlos duplos passus tibi qnqʒ laborent
Tres fac auantum sed reculando duos.
Quatuor in mensura ictus marchabis eundo
Atqʒ retornando quatuor ipse dabis.
PAssib⁹ ʒ brãlus simplus de quatuor adsit
fac tres auãtum sed reculando semel.
Sed primos passus maiores semper habebis
Duos facies auantum sic bene branlus erit.
Istud non seruant branlando semper ad vnguem
Docti dansantes nam minuendo trepant.
Branlos deccopatos etiam dansare memento
Mignoniter corpus fac rigolare tuum.
Accorda gambas dum branlas atqʒ rebranlas
Si non te accordes grandia damna dabis.
Tu descordabis branlantes ʒ tricotantes
Omnes desbauchat destrainatus homo.
Sed non desperes si presto deprecor ipse
Nescis passetos condere rite tuos.
Nam te discipulum primo decet esse benignum
Quã sis dansandi mestrus in arte bonus.

Dulcia non meruit qui non guſtauit amara
   In granda pena queritur omne bonum.
Si ſts in medio de ſala ſiue a la ſine
   Et non completa ſit bene danſa tua.
Vel quod tunc aliqui de lautra parte redanſant
   Et paſſare nequis tunc plus auante pedes.
Atraſſus plane de te reculare memento
   Danſam fac ſapiat tunc bene teſta tuq.
Sed quod non fautes garda tunc in reculando
   De facili danſam perdere quiſqȝ poteſt.
Iſte tibi veniet caſus danſando per oȝbem
   Mille vices ergo ſis memoȝ ipſe bene.
U T teneas artem totam ſecurus eaſqȝ
   Menti perpetuo quod venit inde nota.
Quatuoȝ aſſumit ſibi tempoȝa docta repȝiſa
   Quatuoȝ ȝ duplum:congediũqȝ ſimul.
In ſimplo tãtum duo tempoȝa quippe dabuntur
   Quatuoȝ ergo tenent tempoȝa ſimpla duo.
In binis ſimplis eppendas tempoȝa tot quot
   Tu facis in duplo muſica namqȝ iubet.
Sed pȝo tempoȝibus cantoȝes conſule doctos
   Qui cantare ſolent vt re fa ſo la re mi.
Sed poſtq̃ ſapies recte de coȝditer omnes
   Paſſagios:ſupȝa quos mea muſa docet.

Tamborinairum post detrobare trabatha
   Qui danse praxim rite docere sciat.
Indoctus nunq̃ te doctum reddere posset
   Vnq̃ quod nescit nemo docere potest.
Disce sed a doctis indoctos ipse doceto
   Augeri debet vna sciensa bona.
Perdocet indoctus que dedoceantur oportet
   In dansis mestrus sit tibi queso bonus.
Principijs obsta sero medicina paratur
   Cum mala per longas conualuere moras.
A lenfornando prenduntur cornua panis
   Ergo te doceat mestrus in arte bonus.
Ipse sciat plures dansas siblare nouellas
   Et bene tulururo carlamuare sciat.
Fistula dulce canit garsas dum decipit auceps
   Gentilos cantus nudicet amica libens.
Amphium dansis quem laudant sepe poete
   Scit tibi lo mestrus discere quando voles.
Passagios finos in dansa mille floutat
   Turlururo luro dulciter ipse tenet.
Quando carlamusat de fifro siue flouta
   Eytat tam dulcis la melodia sua tenet.
Quod duros forsat presto dansare rocassos
   Cabras q saumas is tricotare facit.

Sed de pagamento nil tibi dicere curo
 Compensam ser quat omnis habere labor.
Cum labor in dano est mortalis crescit egestas
 Qui non gasagnat pauper vbiqz tacet.
De bursa argentum si vis aprendere dansas
 Nunc sine denarijs non docet vllus homo.
Scire volunt omnes mercedem soluere nemo
 Perfecte paucos sic choreare vides.
Fac tibi quod semper sit iudex charus amicus
 Judicis aupilium sepe tuuare potest.
Ad barbolhandum frascares vndiqz clamant
 Causidicus iustus omnia iusta petit.
De tamborinis etiam sis grossus amicus
 In dansis multum namqz tuuare valent.
Ala de fortuna plus valet vnus amicus
 Q̃ facit in bursa tota moneta tua.
Nam si falhires choream dansando ribalde
 Tunc possent fautas repatinare tuas.
Ipsam tunc dansam longando vel breuiando
 Lex non seruatur quando necesse venit.
Nemo est tam sapiens qui non aliqñ pererret
 Sospitat interdum nam generosus equus.
Ipse ergo dansando mensuras quandoqz perdo
 Deficior prudens artis ab arte mea.

Ad bene dansandũ grãdis latet anguis iŋ herba
   Trompatt plures iŋ choreando manet.
Crimen auaricie semper vitare memento
   Solue flotanti sic cito doctus eris.
Practicus iŋ dansis etiaŋ te multa docere
   Posset si penaŋ pendere vellet eaŋ.
Sed plures pensant dansas balare volando
   Difficiles choreas q nihil esse putant.
Scd sunt inganati qui talia sõmnia pensant
   Multuŋ terribilis dansta queqz manet.
Sed mihi nunc dixit quidaŋ bragatoz iŋ arte
   Dansartaŋ totaŋ se bene scire putans.
Quod quando incepit bassas aprendere dansas
   Omnes pensabat scire volando bene.
Sed cuŋ pensauit passus marchare volenter
   Mestrus et trauas dixit habere potes.
Certe qui faciles dicunt errare videntur
   Cuŋ granda pena vix retinebis eas.
Et noŋ iŋ testa credas de follibus intrant
   Nam sapientis opus est choreare bene.
Difficiles dansas plus vos trobabitis ipsi
   Impertuŋ ꝗ lex/parraphus atqz Cato.
Atqz monendi/dynus/sceuola/lectaqz frater/
   Et re coniuncti/gallus vbiqz canens.

Calimachus longus/ cētum capuꝗ maligna/
   Quinꝗ pedum/ binum/ de quibus atꝗ tria.
Si dñs/mater/mulier bona:Benditoꝛ eius:
   Et quot nerua/metum/dolia/pacta quoꝗ.
Exempto/pꝛetoꝛ/si quis pompomus/arboꝛ/
   Fundi testatrip/et pꝛecibusꝗ tuis.
Et quam sint leges de toto coꝛpoꝛe iuris
   Obscurtoꝛ dansa quelibet esse solet.
Ergo laboꝛabis dansarum scire cadensas
   Non aliter poteris tripudiare bene.
Si cito non possis bassas apꝛendere dansas
   Coꝛrossare caue gente friande pꝛecoꝛ.
Sed teneas oꝛo pulchꝛam dansando grauelam
   Atꝗ bonum dansis omnibus adde modum.
Est modus in rebus sunt certi denꝗ fines
   Quos si non serues tu male semper ages.
Sermo datur cunctis ballandi gratia paucis
   Ergo dansando gratia semper erit.
Absꝗ sale ut nunquā nunquā balet ulla blāda
   Gratia si desit sic neꝗ dansa balet.
Oꝛdine sunt plures passus marchare scientes
   Sed sibi dansando gratia nulla manet.
Et per despectum semper dansare bidentur
   Atꝗ deum semblat quos renegare belint.

Vix ars ulla potest pravos corrumpere mores
    Quod natura dedit tollere nemo potest.
Illis sed tradam normam qua scire valebunt
    Dansando pulchrum semper habere modum.
Querant banquetos q tunc choreare regardent
    Illos qui recte tripudiare sciunt.
Et bene dansantes in testa queso reponant
    Atq3 bonos gestus tunc retinere velint.
Post faciant simile sic ars aprenditur arte
    Et post dansando gratia semper erit.
Felix quem faciunt aliena pericula cautum
    Pendutus vobis hoc bene monstrat homo
Paysani dicunt abestis quando laborant
    A matore boue discat arare minor.
Vsent q domibus que de dansare triumphant
    Et banquetando tempora plura terunt.
Vt sunt auentone domus quas scire laborent
    Que bragam bragam continuare solent.
Vel semper semper cum solertensibus vsent
    Qui balando solent semper habere vogam.
Sunt ibi bragardi iuuenes de corpore plures
    Gentes garsones patria nostra tenet.
Et totus populus dansas demarchat ad vngue
    De puncto dansat tota brigata bene.

Gambadas faucßat campanas atqz reuerſos
   Gentas nobleſas cozpoze crede facit.
Ad bene danſandum toyßas ſeu pzemia donat
   Qui melius danſat ille reppoztat eas.
Atqz ſenes ßomines recte danſare bideres
   Las gentes bielße reppapiare ſolent.
Eſt paradiſus deliciarum patria noſtra
   Gozgiaſus payſus ſolerienſis adeſt.
Mille friandiſas iuuenes ep cozpoze fringant
   Aſſaltunt omnes qui chozeare bolunt.
Patria ſolerienſis eſt fringandiſſima billa
   Dulcis amoz patrie dulce bidere ſuos.
Inſuper epßoztoz bos omnes diſcere danſas
   In quibus aſſidue baſia longa damus.
Diſcite iannolam bzandos ayaſqz coquetas
   Ac omnes altas oſcula ſi qua ferunt.
Qui chozeas tales ſcit felip dicitur eſſe
   Namqz puellarum labia pulcßza bibit.
Quid melius iuuent dum pulcßzas baſtat illas
   Nil melius bobis nec mißi pzetoz opus.
Dum tu bayſabis garſas murrum tibi tozca
   Et prolipa dabis baſia pzeſſa quoqz.
Surgeqz bpzretum de teſta tunc ſine fauta
   Sit reuerenſa tua tunc bene facta quoqz.

Vlterius moneo te artis secreta docendo
  Vnum passagium quod mihi sepe venit.
Si dansando tuam forsan parlabis amicam
  De numeris danse sis memor ipse bene.
Pectora nostra duas tunc admittentia cures
  Quod si non facias impachiatus eris.
Atq3 velis recte danse auscultare cadensas
  Auriculis teneas tympana rite tuis.
Vidi q̃plures sese grauitate mouentes
  Qui non intendunt quando cadensa venit.
Nec reddunt aliquem toto de corpore gestum
  Cum reprisa tocat congedtumq3 simul.
Dum passat tempus plantatos stare videres
  Semblant durvecos se remouendo nihil.
Instrumenta simul sed pluria quando tocabunt
  Attende ad flutam namq3 magistra manet.
Fistula si fautet dansam seu non bene siblet
  Quomodo cognosces pande salote mihi.
Tamborinairum q̃uis tu rite regardes
  Non poterunt oculi crede videre sonum.
Aurelhas ergo dansando consule semper
  Auditus dicet si male tonnus eat.
In gambis etiam poteris cognoscere fautas
  Si sonus est falsus gamba trotare nequit.

Vi sagium teneas dansando semper alegrum
　　Et cherlam frater confice queso bonam.
Balando quidam certe plorare videntur
　　Merdassas duras atqz cacare velint.
Permittas soccos etiam dansare ribalde
　　Si semper danses ipse fachosus eris.
Doctorum veterum semper prouerbia cantant
　　Omne quod est nimium tedia ferre solet.
Et semper noli cum una dansare puella
　　Sed cum diuersis dansarisare velis.
Tantum unā faciunt quidā dansare puellam
　　Sed sibi vergogna maxima crede manet.
Nam dicunt homines tunc omnes atqz puelle
　　Incarnatus adest nunc amor ille nimis.
Ipse tamen dansa cum tempus postulat aut res
　　Sed vergognosus non eris ipse nimis.
Nam dicunt leges nostri de corpore turis
　　Quod nunqȝ timidus gratus amator erit.
Et gayter danses non tirassando sabatas
　　Fringando corpus quando cadensa sonat.
Nam pensant quidam tunc se taucare racemos
　　Intantum gambas tunc apilare solent.
Plures tordiones etiam dansare memento
　　Sed bene menute fac trapiare pedes.

Ad tordiones non extat regula certa
  Histeron q proteron rite mouendo pedes.
Illos tu prendes tantum dansare per usum
  Usus q ars docuit que sapit omnis homo.
Si non intendis dansarum rite cadensas
  Unq non poteris tordionare bene.
Cum branlos facies seu tordionabis amator
  Da sibi lo bindo bindo ribalde bonum.
Patata pototum sed fit corrensta gaya
  Et de brim q de broc intrauagando pedes.
Est mihi difficilis multum passagius iste
  Istam correndam nemo docere potest.
Jntendo melius q uobis dicere possim
  Usus uos tantum scire docebit eam.
Et semper semper sis estringatus ad unguem
  Et bene stacata sit bratecta tua.
Tombare en terra brathas quandoqz uidemus
  In bassis dansis ergo ligabis eas.
Atqz uelis etiam bellas portare sabatas
  Fac bene stirata sit quoqz chaussa tua.
Dro taconatas caueas portare sabatas
  Nam nihil in dansis turpius esse potest.
Chaussas decopatas etiam portare memento
  Atqz sabatoni sint tibi queso braut.

Non portes bottas in gambis tu choreando
    Nam bene non dansat esperonatus homo.
Cum vades ad dansas fac amolare sabatas
    Ut trincñent salas trincottlñando bene.
Sed si bocquetum de compagnontbus abbas
    Det tibi gentiliter fac decus tpse tuum.
Conuita garsas/dominas/gentasqz puellas
    Dzo in banqueto semper amice tuo.
In choreis fuerint belle sed quando puelle
    Indtstincte omnes intretenere velts.
Sed bene festeges illam quam diligis ipse
    Derrerium bzanlum semper a illa menet.
Et facias omnes filñas dansare memento
    Fac saltem danset filia queqz semel.
Nam bidi garsas de danste que ventebant
    Sed quasi coz totum deficiebat eis.
Quod de dansando nemo inuitauerat ipsas
    Ac intretenuit nullus amatoz eas.
Sed bene fognabant toznando multa tenantes
    Versus amozosos qui choreare solent.
Quod non dansarunt vnã tantummodo dãsam
    In balo secum quando triumphus erat.
Sed compagnones bellas tantũmodo rappant
    Noscitur in danste pulchza puella cito.

Ergo cum facies boquetum pulcher amator
   Consulo fac danset filia queq3 semel.
Et compagnones de conuitare memento
   Qui tecum dominas associare velint.
Sed faciant queso plassam dansantibus amplã
   Arreculent omnes dulciter atq3 viros.
Nam sepe in dansis est hic vergognia magna
   Vnius cum domina vix choreare potest.
Ordo ponatur tamen assetando puellas
   Dando scabellas scamna polita quoq3.
Atq3 duo tantum debent dansare parelht
   In bassa dansa quando flouta tocat.
Hic semblant porcos qui se cumulantur in vnum
   Cum dormire volunt aut lupus ambit eos.
Costume rumpunt leges ac omnia iura
   Vsum tu semper de regione tene.
Sed cum desardam dansarum fine lteurant
   Tunc omnes possunt tripudiare simul.
Tempore nocturno sed cum dansabis amice
   Antorche plures lumina clara ferant.
Nam dicunt leges q3 ponas lumina magna
   Non bene dansatur lumine dansa carens.
Lumina si non sint poteris baysare puellas
   A la sorneria nemo videre potest.

Seð dare post potum fac cunctis sis memozozo
    Et tunc ley vtnum bzaguet amice bene.
Nam canit Ouiðius tunc pauper coznua sumit
    Cum banquetando dulcia vina vogant.
fecundi calices quem non fecere disertum
    Embziagare solent dulcia vina bene.
Ipse tuum festum fac quoð sit semper honestum
    Nil melius homini ꝗ sua fama bona.
Dicere passagium, seð vult fantasia nostra
    Quoð multos trompat accidit atꝗ mißi.
Si tibi sit socius chozeas dansando peritus
    Qui plures dansas tripudiare sciat.
Principio danse confestim respice recte
    An dansam iubeat ille tocare sibi.
Nam sunt quiðã quiðam omni de cozpoze misti
    Vltra communes qui chozeare sciunt.
Et quando socius vult arrapare puellam
    Tunc talem dansam histrio tange ferùnt.
Seð non cõmunem cõmendant tangere dansam
    Seð longas altas carlamuare iußent.
Vt le grant helas:la grant douleur:mamiona:
    Pampalona bona:noßle cueurqz bzauum.
Etqz la seignozo:ma plesanso:dulcis amica
    Vt socium trompent ista tocare iußent.

Quare autſatus ſts ſemper dum choreabis
Quam danſam ſoctus carlamuare facit.
Barbatant homines & pluria carmina parlant
Ex improuiſo fallitur omnis homo.
Aſt etiam firme teneas in mente repoſtum
Quod tibi ſecretum nunc mea teſta canet.
Nam niſi communes non debet tangere danſas
Ipſe floutator quando brigata ſalit.
Hoc niſt de tuſſu danſantis tangeret illas
Tunc alias omnes namqʒ tocare poteſt.
Sed balando precor garda fautare cadenſas
Et finem danſe quando flouta dabit.
Nam ſicut amiſſum non eſt reparabile verbum
Si fautes danſam biʒ reparabis eam.
Vades in ſyllam cupiens vitare caribdim
Danſariam fautes ſi ſemel ipſe tuam.
Eſt via peccandi facilis deſcenſis auerni
Sed reuocare gradum: maxima pena manet.
Nam ſi falhires choream danſando ribalde
Inuergognatus omnibus ipſe fores.
Vir ſemel in mundo poſtqʒ perdiuit honorem
Illum biʒ nunqʒ poſt recobrare poteſt.
Quem ſemel horredis maculis infamia nigrat
Ad bene tergendum multa laborat aqua.

In mundo non est vlla reparabilis arte
   Lesa pudicitia:deperit illa semel.
Sed non respicias stellas dansando friande
   Astrologi faciunt sydera quando notant.
Contra muralham vel terram respice queso
   Nec tortis oculis cernere quernqz velis.
Non ad mensuram socij dansabis amice
   Quod plures faciunt respicendo pedes.
Quidam sunt semper que se dansando reuitrant
   Vt videant socium si bene dansa cadat.
Semblant latrones qui se plerumqz reuitrant
   Quando borrellus rite fortat eos.
Me semblant Ianum patrē qui spectat vtranqz
   Est pro ridendo respicendo modum.
Si peruenturem dansam falhis tamen ipsam
   Passibus alterius tunc reparabis eam.
Et si non possis dansam reparare falhitam
   Demarcha semper dinumerando nihil.
Et nunq̃ pauses nec sit reuerentia facta
   Tunc nisi cum mestrus tambortnare sinit.
Per medium danse non estonaberis vnq̃
   A la ventura tunc tricotare velis.
Et quis multum tu sis tribolatus amore
   In dansis vnq̃ non ebaitus eris.

Arrisqua vinum cum fustibus atqz barillis
   Prospera fortuna sepe iuuare solet.
Per plures errant dansando propter amorem
   Dulcis amor multos intresolire facit.
Et bene perfecte fingas te currere dansas
   Terribiles mignas atqz tenere velis.
Non timeas fumum tunc de caulectibus oro
   Nec de rautolis rogius esto nihil.
Heu ꝗ difficile est crimen non promere vultu
   Visagium triste qui male fecit habet.
Coragium semper boniacum prendere forsa
   Qui se coragiant adiuuat ipse deus.
Cauquilhone precor dansando te bene porta
   Fac dicant gentes iste Valentus adest.
Et rutare caue quando dansabis amice
   Nam si tunc rotes tu bene porcus eris.
Tu quoqz per dansas nunꝗ sautando petabis
   Stringe os ꞇ culum coge tene te petum.
Non nimium branles personam tripudiando
   Atqz precor branlet quod tua testa parum.
De testa mignas/nam quidam mille laborant
   Torsendo boccam quod male vadit eis.
Non contra facias te sic dansando friante
   Sed tene as trognam tripudiando bonam.

Jn danſis etiam tu te carrabis honeſte
    Si nimium bragues inuidiatus eris.
Si teneas medium ſemper tutiſſimus ibis
    Per nimiam bragam iure mocatur homo.
Mignotarias faciunt quidam de corpore gayo
    Jnter danſandum que michi ſepe placent.
Non grates teſtã manibus ſerquanda peuolhos
    Nec nigras nieras tunc graſinare velis.
Nec nimis iŋ teriam pendentia brachia portes
    Sit braſſus rigidus tripudiando parum.
Deſpoderati quidam danſando videntur
    Et braſſos ruptos ſemper habere ſuos.
Ergo tuuŋ corpus rectum danſando tenebis
    Hoc niſi fringando danſa plegare petat.
C Equaleŋ ducas tecuŋ baſando puellaŋ
    Jn danſis nunꝗ retro menabis eam.
Namꝗ ſolent quidam retro dimittere garſaŋ
    Si lupus hic eſſet credc leuaret eam.
Et modicuŋ longe teneas de te muliereŋ
    Si nimis ꝗ currat tunc retinebis eam.
Sed tibi perſonaŋ nunꝗ danſando remires
    Pauones faciunt quando placere volunt.
Plures maraudos vides de tempore noſtro
    Qui ſe quarrando glorificare volunt.

Vbertam boccam nunꝗ danſando teneßis
    Nunc propter muſcas namqʒ volare ſolent.
De facili boccam poſſent intrare badatam
    Et te ſtranglarent ergo falote caue.
Non ſis morueloſus nec bauec gorgia garda
    foyroſos tuuenes femina nulla cupit.
Et non eſcracßes moruellos ante puellas
    Nam racare facit vertere corda quoqʒ.
Seu ſpuis aut mungis nares nutaſve memẽto
    Poſt tua concuſſum vertere terga caput.
Et naſum digitis de non inoccare recorda
    Blancus mocadorus fac bene mocquet eum.
Alea non manges/nec porros/tu neqʒ cepas:
    Nam faciunt boccam poſt redolere male.
Sed quando bonas garſe donabis vlßatas
    Inter danſandum tempora quando volent.
Nam ſine reprenſa garſam reſpicere poſſum
    Communi in danſa quatuor ipſe vices.
In commenſamento dũ reuerẽtia bayſſat
    Et repriſa venit congedtumqʒ ſimul.
Eſquiſſare manum garſe quandoqʒ valeßis
    Quãuis corroſſet continuare velis.
Secrete facias dum gratiſſabis amicam
    Que nimis apparent retßia vitat auis.
                  E iiij

Omnibus in rebus fac semper vincat honestum
   Si sis palhardus tu maledictus eris.
Bella tibi si sit noli desistere ceptis
   femina sepe negat id quod habere cupit.
Audaces fortuna iuuat/timidosq3 repellit
   Et timidus nimium sotus amator erit.
Ast in banquetis semper cortesius esto
   Nam blandis verbis queritur acer amor.
Non formosus erat/sed erat facundus Vlysses
   Qui bene deuisat semper amatus erit.
Excitat ꝗ nutrit facundia dulcis amorem
   Et mulcens animos mitigat ipsa foros.
Hoc tamen in testa firme dansando tenebis
   Parlando garsis affirolatus eris.
Affilatum beccum semper habent mulieres
   Subtilis escotus vix superaret eas.
Si non sis finus cum garsis atq3 retinus
   Grandus sotassus tu reputatus eris.
Inter garsetas facito sis cautus abunde
   Subtilitas hodie vincere cuncta facit.
Non sis lordandus dugassus nonq3 taraudus
   Nunꝗ per dansas ipse toinus eris.
Sunt plures hoies ꝗ sunt quasi mortis imago
   Et sibi parlando gratia nulla manet.

Tales fantaumas non diligit vlla puella
　　Est quaſi brutaſſa beſtia ſolus homo.
Miſitus q brauius cum garſis eſto friande
　　Parla correcte quando loqueris eis.
Sermo hominum mores q celat q indicat idem
　　A parlare ſuum noſcitur omnis homo.
Sis bene flatertus parlamentando puellis
　　Dulces paraulas femina ſemper amat.
Verba ligant homines taurorum cornua funes
　　Et blandis verbis femina ſola cadit.
Sed tibi paſſagiū volui nunc pandere pulchrū
　　Quod bene perpetuo tu retinere velis.
Ipſus amoroſam facias danſare frequenter
　　Multum bragare femina queqz cupit.
Nam ſi non facias quod multum danſet amica
　　Contra te iratam crede videbis eam.
Sed poſtq ſecū danſam balaueris ipſe
　　Per ſubſtitutum poſt chozeare velis.
Aubadas etiam tu fac de nocte a la garſam
　　Cum taborinis carlamuando bene.
Bellas canſones ſemper canteſqz nouellas
　　Gayhas aubadas audit amica libens.
Femina cum dormit in lecto nudaqz ſola
　　Se ſtrilhat corpus ſepe petando bene.

Et quando cubadas audit desirat amantem
    Vellet amozosum gattigolare suum.
Sautus in dansis semper sis atqz valentus
    In chozeis nunquam solus amatus erit.
Follegiando putant nam plures rite placere
    Displicet imprudens quando placere putat.
In dansis etiam nunquam sis ozo superbus
    Glozipetas unquam nullus amare potest.
Glozia luciferum cassauit de paradiso
    Tales fantaumas non amat ipse deus.
Vltracudatus non sis te deprecoz unquam
    Est male volgutus ipse sterus homo.
Non te dozmiscas in dansis gente brigante
    Dozmire in dansis est renegare deum.
Aysate dansa censa pulsare la gentem
    Impingunt aliqui currere quando venit.
Quosdam babotnos in dansis sepe videbis
    Qui contra omnes barboltare volunt.
Sed martingalam facias brustre valenter
    Si cupias domina rite placere tue.
Altas trossabis gambadas ipse volando
    Saltos t gauelos plura reuersa quoqz.
Terrabim terrabast gisclando te remanebis
    Te tragitapzum quilibet esse putet.

Tuqʒ repompilha fac bundes atqʒ rebundes
  fac sembles paumam quando frapamus eā.
Martingalando sauta cum mille reuersis
  Sed cum tumbabis preste leuare velis.
Atqʒ retornabis dansam complere valenter
  Patrim patrolo teqʒ dolendo nihil.
Sed per mensuram saltando te remanebis
  Nãqʒ ruunt plures quando volare putant.
Et si non surgas tu plus tumbare nequibis
  Qui iacet in terra non habet vnde cadat.
De carementrando moriscas effice bellas
  Maumarias etiam farsegiando quoqʒ.
Et si tunc aliquid non vis cognoscitus esse
  Grans fauuisagios pone repone tibi.
Tempore tunc illo est de dansando la fiera
  De carementrando banquetat omnis homo.
Se desordenant las gentes multa beuando
  Et la ley gallus est repetita bene.
Et facias oro recte dindare sonetas
  Cascauelando fac tricotare pedes.
A lantigalha te interdum rite recarta
  Ad grandos passus intrauagando pedes.
De ponchis pedibus tute marchabis auantem
  fringando gascas de manibusqʒ tuis.

Burlim burlayno semper donando lo bindo
　　Tantarireyno la turo luro luro.
Plures bragardiſſas te bene ſcire beſognat
　　Si dominas inter queris habere Vogam.
De danſando tamē prouincia noſtra triumphat
　　Palmam danſandi ſemper habere ſolet.
Sed noua nunc venit gētiſſima danſa galharda
　　Corpora que valde noſtra ſuſare facit.
Affanare facit nimium nos illa ribalda
　　Rumpere me gambas nam facit ipſa meas
Rideo ſed tantum q̄ neſcio dicere quantum
　　Cum video gentes ſic remenare pedes.
Nam ſemblant gallos qui ſe batendo pelicant
　　Cattos τ moninas cum graſinare volunt.
Tombare in terram ſemper danſando videntur
　　Cum faciunt corpus ſic viroſare ſuum.
Quando voles ergo dānſam balare galhardam
　　Non te merfundas gente ſalote precor.
Non facit infantes tua plus gentiſſima mater
　　Ergo tuum corpus intretenere velis.
Nunc arribauit quedam gorreria danſa
　　Quam tu laudabis quando videbis eam
Lantigalha gaya gens ſagia nominat illam
　　Petoto petontom farlara laritrens.

Solus homo danſat de vna tantummodo parte
  De lautra choreat femina ſola quoqz.
Tercentum faciunt inter ſe ſigna frianda
  Se culum gratant lo focus ardet eum.
Que vir ſigna facit tunc eadem femina fringat
  Ternecuelhabis reſpiciendo modum.
Vna mihi ſemblat quod ſit grociſſima farſa
  Cum video garſas tam bona ſigna dare.
Inter bragantes tunc ſemper gorgia ridet
  Et cagat in brayhis ſepe friandus homo.
Fort ſe deſtaulat populus de corpore gaysho
  Eſcalfatus homo ſe retenere nequit.
Centum foliſias allegras ipſe videbis
  Te eſcomptiſſabis dum tricotabis eas.
In danſis etiam non te incagnaberis vnꝙ
  Si te corroſſes deſtrainabis eas.
Chriſtus amat pacẽ/demones murmura q̃runt
  Vllos debatos non amat ipſe deus.
Cauſas raumaticas in danſis tu neqz conta
  De cauſis alegris deuitare velis.
Deniqz nunc moneo ꝙ dum danſabis amator
  Danſes cum bellis veſtibus vſqz tuis.
Nam bellas veſtes ſemper danſare requirit
  Vir male abilhatus ſepe truffatus erit.

fac vadas semper multum mtgnontter oro
Penchtnata precor sit bene testa tua.
Te testonando nunc vt manerta currit
Bragando recte semper amatus eris.
Cum ferro chaudo fac replegare capillos
Ne cremet auriculas attamen ipse caue.
Mille vices lo tort te penchtnare capillos
Genti gorrerius sic chozeator eris.
Sed tibi de faciet testonum ventus amice
Dum sufflat ventus si peris ipse foras.
Ergo domi semper reclausus tunc eris ipse
Vel testam gardet genta coissa tuam.
Aut manibus teneas perrucam rite reclausam
Ambas ad testam pone friande manus.
Non tundas testam si vis bellissimus esse
Nam vir tundutus laydtus esse solet.
Bragardum supra la testa pone bonetum
Ad la gram gorram post gicorabis eum.
Bellus byrretus homines hondrantqz sabate
Desondrant multu cum modicumqz valent.
Vir bene abilhatus semblat bellissimus esse
quis sit multum laydtus atqz brutus.
Quado vident iuuenes bragardos naqz puelle
Tales confestim callintare volunt.

Sed bene continua quis preceperis artem
  Artifices usus reddit in arte bonos.
Plus valet hic praxis q tota scientia crede
  Ergo tibi danse practica dulcis erit.
Dansando ferias de non seruare memento
  Quas playdotando curia nostra tenet.
Et si mespreses mea nunc tu tussa falotus
  In dansis valde crede trufatus eris.
Non me scriptorem sed te negleyeris ipse
  Bram bram cantabo stercus in ore tuo.
Primo respicias tu te qui negligis omnes
  Imbrtagatus homo bestia grossa manet.
O galauarde meas si pensas carpere dansas
  De longo a largo pergicotatus eris.
Iam mihi per testam grandis fumeia montat
  De modico testam musca leuare facit.
Si male tostensum vis esquiuare ribalde
  Ipse tace facies sic bene tresq3 bene.
Sancta euangelica cantant vt rite lo verum
  Et bene de christo biblia nostra fidem.
Veram dansandi sic artem carmine dixi
  Fac serues igitur tu mea tussa bene.
Rara auis in terris nigroq3 simillima signo
  Sic pauci choreas rite docere sciunt.

Apparent rari nantes in gurgite vasto
Nullus perfectus est nisi rite deus.
Ergo cõmunes qui dansas scire laboras
Disce meos versus sic bene doctus eris.
¶ Sequitur dansa communis
versibus composita.

Assendo byrhetum fit reuerentia primo
Rursus congedtũ non remouedo pedes.
Simpla duo marcha post hoc cum duplice solo
Et post reprisam confice rite tuam.
Et sequitur duplum post ꝗ reprisa frianda
Branlando corpus congedtumqz dabis.
ide duos simplos marchabis tres quoqz duplos
Hostigando pedes inde reprisa datur.
Vlterius duplum cauca mignoniter vnum
Et post reprisam congedtumqz simul.
Post binos simplos fringa cum duplice solo
Indeqz reprisam gamba menare sciat.
fac post congedtum de testa aussando bonetum
Personã ꝗ gambam rite plegando tuam.
Dulciter in facie domtnam sed respice semper
Ad finem danse cum reuerensa datur.
Sic habet hic finem communis dansa falott
Viginti numeros semper habere solens.

Facta communi pausa paulisper amator
   Insequitur post hoc moytia namqȝ breuis
Principium danse balate namqȝ resiblat
   Tamborinatrus: mestrus in arte bonus.
Moytia confestim post carlamuatur ab illo
   Quam bene nunc bales vt calamela docet.
Congediũ primo faucha cũ duplice tãtum
   Et post reprisam congediumqȝ simul.
Simpla duo rursus sed cum tribus effice duplis
   Reprisam casca postqȝ mouendo pedes.
Insuper et duplum polsa bragaditer vnum
   Gringotando pedes inde reprisa venit.
Congedium rursus bales auffando bonetum
   Atqȝ simul gambam rite plegando tuam.
Respice sed garsam cum sit reuerentia genta
   Atqȝ oculi monstrent dulcia signa sibi.
Pluribus ipsa modis alij dansatur in orbe
   Sed tibi sufficiat hec choreando modo.
Bartolus ꝗ Baldus Paulus Felynus Jason
   Panormitanus Decius atqȝ Cynus.
Et dominus Petrus alberti granqȝ Rolandus
   Teulerius: Merulus: Rissius atqȝ bonus.
De Ripa: Alciatus legum magniqȝ magistri
   Quos de dansando vincere nemo potest.

                      f

Bragard⁹ dominus doctoꝛ Mõtagna Balent⁹
   Mingronus focius Jaumetus atꝗ meus.
Et moꞩ cofinus Chꝛiftophoꝛus quoqꝫ poꝛcus
   Qut bene goꝛmandat cuꝳ Btualħa Benit.
De Aligno dominus fapiēs et doctus ad Bnguē
   Frater deuotus atꝗ facrifta fuus.
Atꝗ tholofani doctoꝛes Bndiꝗ mifti
   Meruelħas faciunt plura legendo bene.
Pellatus facilis:dafis fracina plefentus
   Guido:Solerie:Ayma Balentus ħomo.
Bragardus doctoꝛ Boyffonus nofter amicus
   Quem parlamentum iaꝳ rettrare poteft.
Quando legunt dãfas ꝗ mõftrant omnia nobie
   Jftam continue tripudiare folent.
Danfando communis optnio ſtt tibi femper
   Si danfes aliter tu repꝛobatus erie.
Juductum populi nunꝗ contempferis Bnus
   Contra communem confiltare caue.
Omnes bꝛagardi danfant communiter iftaꝳ
   Hoc tameꞩ ad placitum nūc tibi trado tuuꝳ.
Hic tibi pauanas nolo defcribere danfas
   Rarenter danfat ifte payfus eas.
Duꝳ fueris rome romano Btutto moꝛe
   Cuꝳ fueris altbi Btutto fac Bt ibi.

Dansa finita sed cum pausabis amicam
  Semper agas grates dulcia verba loqui ns.
Illam post pausa per sedem siue repone
  In qua sedebat quando rapastis eam.
  ¶Gaya epistola ad falotissimam
  garsam. I. Roseam.
O Mea plesansa o mea mignonissima dama
  Dilige personam granditer oro meam.
Ipse amo te tantum cp nescio dicere qtum
  Nullus de mundo te plus amare potest.
Vt cremat ille focus terribilis omnia grescus
  Grossus amor corp9 sic brulat omne meum.
Pror vt indomitis ignem epercentibus curis
  fertilis acconsis messibus ardet ager.
Tues mihi tam bella q bona bragardissima garsa
  Quod vellem in camera te rigolare mea.
De te duntaxat pensat mea testa repensat
  In te continue mens mea tota manet.
Continuo falso mecum te somnia iungunt
  Omnibus et mecum noctibus esse soles.
Tu damayseleta facis me perdere vitam
  Et sensum totum corpus amando tuum.
Ergo nunc superest vt me miseratus amantem
  Abrassare velis corpus amica meum.
                              f ij

Enrabiare facis tu me languere furentem
  Causa mee vite causaq3 mortis eris.
Solamen nostrum tu gloria nostra perennis
  Omnia nunc nostre iura salutis habes.
Tu facis in causa me desperare profecto
  Si me refuses heu cito mortuus ero.
Si tibi vis modicum pro me donare fatigam
  Decidet in casses preda petita meos.
Non pattire facit damnatos tam lo diablus
  Nec purgatorium dat mala tanta malis.
ꝗ facit ad nostrum corpus nunc ignis amoris
  Heu mortor mortor la mea bella modo.
De me multreriam populus post te reputabit
  Si pro te moriar tristia semper eris.
Quare te precor o mea falotissima garsa
  De tanta pena me releuare velis.
Ipsa tuas aures nunc arrige queso libenter
  Exaudi vocem dulcis amica meam.
Non facias tantum me playdegiare la pessam
  Sepe domos tumbat playdegiare nimis.
Semper ero felix toyhosus friscus alegrus
  Si possim gambas grattigolare tuas.
Si bona ventura vel me fortuna iuuaret
  Per murrum z gautas oscula mille darem.

Impegolata meo cordi tu es chara cogeta
  Spes mea blanditie delitieqz mee.
Ipse licet videam bragardas mille puellas
  Per christum dominum tu mihi sola places.
Tu mihi de mundo nunc plus formosa videris
  A la regart de te nulla puella valet.
Inter amorosos sunt belli semper amores
  Est nunqz layda femina quando placet.
No n alias curo baru telare puellas
  Tantum personam curo tenere tuam.
Tu tolleta manes multum inea ioyhia tota
  Spes tua me tantum vivere crede facit.
Si te garsa Paris nudam vidisset in Joa
  Ledtte dixisset Juno Minerua Venus.
Bella tibi facies gracilis tibi nasus q osqz
  Blancas tetinas tu quoqz garsa tenes.
Sunt oculi clari sunt q perdulcia labra
  Basia dulceta tu quoqz semper habes.
Et nitidi pendent clara ceruice capilli.
  Ac sunt membra tibi candidiora niue.
Rusticitate cares sunt q sine crimine mores
  Et semper cunctis la tua facta placent.
Omnes nunc homines tua gratia blessat amore
  Agradare soles omnibus ipsa viris.

Tu bene caquetas deuisas seu bene parlas
   Vellem in campagna semper adesse tua.
Quando ego te video corpus se forte reuelhat
   Jnartilhare tu mea membra facis.
O mea perla bona mea dulcis amasia bella
   Affer opem misero tu michi sola potes.
O virgo miserere mei misereris amantem
   Effice me meritis tempus in omne tuum.
Vt iere cum poterit si ne te morditus arena
   Ad fontem vanti versa recurret aqua.
Jlla dies qua te video sum totus alegrus
   Tristicias omnes tu refugire facis.
Le iour que ne te voy te suis mal a mon ayse
   Est michi tunc anno longior illa dies.
Tempora si numeres bene q numeram9 amantes
   Non venit ante suam nostra querela diem.
Follus ego maneo de te gentissima garsa.
   Si non me abrasses cogar amore mori.
Tu me inuiscasti nimium nimium per amorem
   Tropius est noster impegolatus amor.
Me debauchat amor a sensum perdere cogit
   Vnq quid diceat non videt vllus amans.
Per sas carrieras Vado perdendo lo tempus
   Nunc huc nunc illuc trotilhat omnis amans

Et nisi sim tecum non vult pausare la gamba

    Tu labores totus tu requiesq3 mea.

Ullus amorosus nunqp bene celat amorem

    Eminet indicto prodita flama suo.

Propter amoretas de te sum forte malabus

    Et nisi spem deberis sum moriturus ego.

Ergo mihi dona de facto dulce secorsum

    La charitate tua me releuare potest.

Inter amorosos garsa est medicina doloris

    Sic sine te nunqp rite garitus ero.

Ullus amor Veneris non est medicabilis herbis

    Illum sanare femina sola potest.

Dulcis amica precor te qptum dicere possum

    Fac sic amorosus semper arena tuus.

Non factas illud quod vulgus sepe recontat

    Successore nouo tollitur omnis amans.

Et qpuis placeant altj tamen esto fidelis

    Est virtus placitis astinuisse bonis.

Femineum genus est certe variabile multum

    Et leuior foltjs femina sepe manet.

℄Rara fides hodie tantum trumparia regnat

    Parua solet magnis rebus inesse fides.

Fictus amor plures garsarū trumpat amantes

    Est mundus plenus fraudibus atqz malis.

Ore sonant aliud aliud sed mente repensant
  Est ratus nostro tempore verus amor.
Femina per multos nūc accaparrat amantes
  Trento calegnayres vna puella tenet.
Deficit ambobus qui vult seruire duobus
  Ergo me tantum semper amare velis.
Inter amorosos omnes est regula certa
  Non bene cum socijs regna venusqz manent.
Contra me vnqz nec sts corrossata falota
  quis per populum publica fama volet.
Quando inimicie sunt grandes inter amantes
  Post grossas fognas grandior eptat amor
Tempore passato quando fognauimus ambo
  Tout desperatus atqz maladus eram.
Verus amor garse non est vnqz sine crenta
  Ne tibi displiceam formido semper ego.
O deus inqztis animus vexatur amantis
  Gayhas garsetas semper habere cupit.
Sana precor semper mea sts gozretta garsa
  Nos simul et iungat prestiter ipse deus.
Mathusalem nobis et rursus deprecor annos
  Afferat omnipotens omnia vota quoqz.
Tanqz fata sinent me desportare per orbem
  Viuet crede meo nomen in ore tuum.

Sum tibi semper ero semper seruire paratus
Omnia sunt iussis subdita nostra tuis.
Grandem perdonem gagnabis de paradiso
Si tu me facias corpus habere tuum.
Hoc tibi secretum tantum pro fine reuelo
Attis barratis omnia vincit amor.
Si de secreto bis plus parlemus amica
Nil michi rescribas attamen ipse vent.
Sis memor oro mei mea gentilissima baga
Perpetuo viuas o mea perla vale.

¶ Sequutur in practica danse
communes que secundum musicam dansantur
ad viginti longas et quelibet longa de illis sit
ex quatuor semibreuibus.

¶ Les communes a. xx.

R? ffo r o r? ffooo r o r? ffo r?

¶ La mortie a. vij.

? o r? ffooo r o r?

¶ Notez que ainſi comment toutes les danſes communes ſont a . xx . ſemblablement toutes les danſes communes et non cõmunes ont vne moytie a. xij.

¶ Itē notez que la pꝛemiere R ſignifie reueren= ce quant elle eſt au commencement de la danſe/ et quant elle eſt en aultre lieu ſignifie repꝛinſe. Le ꝯ ſignifie conge . Les deux ſſ ſignifie deux ſimples . Le d ſeul ſignifie vng double . Les trops ddd ſignifient trops doubles: et ſi tu veulx ſcauoir comine tu doibs faire les pas regarde cy deſſus au chapitre qui ſe commence Paſſibus ergo duplum etc.

¶ Senſuyuent aultres baſſes dãſes que ne ſont pas communes/ leſquelles ne ſe danſent guerez ſouuent aux banquetz.
¶ Le grand helas. ¶ Elle me tient. ¶ Tant ay dennuy.¶ Verdemont.a. xix.
R ꝯ ſſ d ſſ r ꝯ ſſ ddd ſſ r ꝯ ſſ d ſſ r ꝯ
¶ La grand douleur.¶ Lo bꝛot de la vigno.
¶ Dulcis amica . ¶ La gaya . ¶ Par faulx ſemblant . ¶ Leſperuier. ¶ Confoꝛtez moy.a xxiiij.

R⁹ ffd ffr⁹ ffd ffr⁹ ff ddd ffr⁹ ffd ffr⁹

℃ Tout noble cueur. ℃ Mamye. ℃ Fleur de
beaulte. ℃ Vaten regretz. ℃ La mour de moy.
℃ Joye sans fin. ℃ Le vieil testament. ℃ Si iay
perdu mamye. ℃ Je tiens mamye. a. xp.

R⁹ ffd ffr d ffr⁹ ff ddd ffr d ffr⁹

℃ Si te me plains. ℃ Mamour vous ay donee.
℃ Mamour. ℃ La fricassee. a. xptttj.

R⁹ ffd ffr d ffr⁹ ff ddd r⁹ ffd ffr d ffr⁹

Pampolone. ℃ Helas ma dame.
℃ Amours mont. ℃ Helas si iay mon tost temps
perdu. a. pptj.

R⁹ ffd r⁹ ffd ffr⁹ ff ddd r⁹ ffd ffr⁹

℃ Ma plaisance. ℃ La pensee de ma dame.
a. pptj.

R⁹ ff d ffr d ffr⁹ ff ddd ffr⁹ ffd ffr⁹

℃ La penseto. ℃ So fasso. ℃ La despozueue.
a. pptj.

R⁹ ffd ffr⁹ ff ddd ffr⁹ ffd ffr d ffr⁹

℃ La fanfarre. ℃ La douleur des dens. a. ppj.

R⁹ ffd ffr d ffr⁹ ff ddd r⁹ ffd ffr⁹

℃ Fortuno fort. ℃ Testimoniun. a. pptij.

R⁹ ffd ffr⁹ ff d ffr⁹ ff ddd r⁹ ffd ffr⁹

℃ Mes amourettes. a. ppj.

Rº ſſ d rº ſſ r d rº ſſ d d d ſſ r d ſſ rº

℣ Confumo la vita mia.a.vbj.

Rº ſſ d rº ſſ d d d ſſ r d ſſ rº

℣ Tout ferlozum .a.vtttj.

Rº ſſ d ſſ rº ſſ d d d ſſ rº

℣ Helas que vous a faict mon cueur.

℣ Lefcarpe dole.a.vlv.

Rº ſſ d r d rº ſſ d d d ſſ rº ſſ d rº

℣ Tout fadobera.a.vvtttj.

Rº ſſ d ſſ rº ſſ d ſſ rº ſſ d r d r d rº ſſ d rº

℣ Datience.a.vv.

Rº ſſ d r d ſſ rº ſſ d d d rº ſſ d ſſ rº

℣ Monſieur vault bien ma dame.a.vlv.

Rº ſſ d ſſ r d ſſ rº ſſ d d d r d ſſ rº

℣ Bon temps.a.vv.

Rº ſſ d rº ſſ d rº ſſ d d d rº ſſ d rº

℣ Adieu foulas ꝗ ioye.a.vvtj.

Rº ſſ d ſſ rº ſſ d rº ſſ d d d ſſ rº ſſ d rº

℣ Dour auoir faict au gre de mõ amy.a.vvtttj.

Rº ſſ d ſſ rº ſſ d rº ſſ d d d ſſ rº ſſ d r d rº

℣ Alz ont menty.a.vvbttj.

Rº ſſ d ſſ rº ſſ d r d ſſ rº ſſ d d d ſſ rº ſſ d r d ſſ rº

℣ Ma doulce dame.

℣ La douleur du mozo.a.vvj.

R⁹ ſſ d r d ſſ r⁹ ſſ d d d ſſ r⁹ ſſ d ſſ r⁹

℞ Ce que mon cueur penſe.a.ꝑ̄tij.

R⁹ ſſ d r d r⁹ ſſ d d d r d ſſ r⁹

℞ La floʒie.a.ꝗꝗttij.

R⁹ ſſ d ſſ r d ſſ r⁹ ſſ d d d ſſ r⁹ ſſ d r d ſſ r⁹

℞ Le manteau taulne.a.ꝗꝗꝗ.

R⁹ ſſ d r⁹ ſſ d ſſ r⁹ ſſ d d d r⁹ ſſ d ſſ r d ſſ r⁹

℞ Lo bas deſpagno.a.ꝗꝗttj.

R⁹ ſſ d r d ſſ r⁹ ſſ d d d r⁹ ſſ d ſſ r d ſſ r⁹

℞ La grola.a.ꝗꝗttij.

R⁹ ſſ d ſſ r d ſſ Rᵉ ſſ d r⁹ ſſ d d d Rᵉ ſſ d r⁹

℞ Les quatre baſſes danſes.a.ꝗꝗttij.

R⁹ ſſ d r d r⁹ ſſ d d d ſſ r⁹ ſſ d ſſ r⁹ ſſ d r⁹

℞ A dieu mamour iolye.a.ꝑ̄ttj.

R⁹ ſſ d r d ſſ r⁹ ſſ d d d r d ſſ r⁹

℞ Da reliquis danſis eadem finito ſi ſic
　Que fuit in grecis dum choʒeare voles.
Sufficit abaſtat aſinos poʒtare banaſtas
　finem danſarum noſtra flota facit.
Nulla quidē vita eſt homini nec gloʒia maioʒ
　Auxilio multos ꝗ̃ releuaſſe ſuo.

Spes mea eſt vnica deus.

¶ Rondeau.
¶ Lamant.
¶ Adiuua me ꝗ me fais ceste grace
Que te te puiſſe en ſecret face a face
Dire ꝗ conter la mour ꝗ grand ardeur
Que iay en toy pour le bien ꝗ honneur
Que y ay veu ꝗ congneu ſans fallace.
¶ Je ne te voy ne en lieu ne en place
Et deuant toy te ne paſſe ou repaſſe
Que te ne dye ꝗ profere en mon cueur
Aduuiſa me.

¶ Cent foys le tour votre en peu deſpace
Je te regrette et ne ſcay que te faſſe
Tant ſuis eſprins de ta grāde rigueur
Dont te crains bien de tomber en langueur
Et pourtant donc auant que te treſpaſſe
Aduuiſa me.
¶ Rondeau.
¶ Lamye.
¶ Si vous voulez te vous faictz aſſauoir
Que te ſuis preſte a vous faire plaiſir
Et pour complaire a voſtre bon deſir
Je mettray peine a faire mon deuoir.
¶ Penſez y dōcques ꝗ ne faictes que veoir

Quant vous vouldrez/car ie suis de loisir
    Si vous voulez.

¶Des deux partis lung vous fault recepuoir
Prendre ou laisser cest a vous a choisir
Vostre refuz me seroit desplaisir
Car a toute heure vous me pourrez auoir
    Si vous voulez.

¶Explicit vtilissimũ opus guerrarum et dansarum Impressatũ
in bragardissima villa de Leone
per discretũ hominem magistrũ
Petrum de sancta Lucia/alias
le Prince/de anno mille cincentũ
et triginta octo/ad vinta vnũ de
mense Januarij.